检察制度
基础理论研究

RESEARCH ON THE BASIC THEORY OF
PROCURATORIAL SYSTEM

秦前红　石泽华 等 · 著

法律出版社
LAW PRESS · CHINA
—— 北京 ——

图书在版编目(CIP)数据

检察制度基础理论研究 / 秦前红等著. -- 北京 : 法律出版社, 2021
ISBN 978-7-5197-6258-2

Ⅰ. ①检… Ⅱ. ①秦… Ⅲ. ①检察机关-司法制度-研究-中国 Ⅳ. ①D926.3

中国版本图书馆 CIP 数据核字(2021)第 250963 号

检察制度基础理论研究
JIANCHA ZHIDU JICHU LILUN YANJIU

秦前红　石泽华　等著

策划编辑 陈　妮
责任编辑 陈　妮　刘雪莲
装帧设计 李　瞻

出版发行 法律出版社
编辑统筹 法治与经济出版分社
责任校对 王晓萍　王语童
责任印制 吕亚莉
经　　销 新华书店

开本 710 毫米×1000 毫米　1/16
印张 10.75　　**字数** 128 千
版本 2021 年 12 月第 1 版
印次 2021 年 12 月第 1 次印刷
印刷 北京虎彩文化传播有限公司

地址:北京市丰台区莲花池西里 7 号(100073)
网址:www. lawpress. com. cn
投稿邮箱:info@ lawpress. com. cn
举报盗版邮箱:jbwq@ lawpress. com. cn
销售电话:010-83938349
客服电话:010-83938350
咨询电话:010-63939796

书号:ISBN 978-7-5197-6258-2　　**定价**:86.00 元
凡购买本社图书,如有印装错误,我社负责退换。电话:010-83938349

作者简介

秦前红　教育部长江学者奖励计划特聘教授，享受国务院政府特殊津贴专家。武汉大学法学院教授、武汉大学学术委员会委员。《法学评论》主编、中国法学会香港基本法澳门基本法研究会副会长、中国法学会法学期刊研究会副会长、最高人民检察院行政检察研究基地主任、全国人大常委会备案审查室备案审查专家、司法部法规规章备案审查专家委员会成员，曾任中国法学会宪法学研究会副会长。主要研究领域为宪法基本理论、比较宪法、人民代表大会制度、国家监察体制改革和司法体制改革问题等。著有《宪法变迁论》《宪法原则论》《国家监察制度改革研究》《监察改革中的法治工程》等。获第八届高校科学研究优秀成果一等奖、第九届湖北社会科学优秀成果二等奖等多项科研奖励。

石泽华　法学博士，武汉大学法学院讲师。主要研究领域为国家监察体制改革、司法体制改革和公民基本权利问题等。在《法学》《法学论坛》《行政法学研究》《国家检察官学院学报》等发表论文10余篇，数篇被《中国社会科学文摘》、《新华文摘（数字版）》、中国人民大学书报资料中心《复印报刊资料》转载。参编著作数部，参与国家或省部级课题数项。获2020年度全国检察基础理论研究优秀成果奖二等奖、2016年湖北省法学会宪法学研究会优秀论文一等奖等。

作者简介

宦吉娥 法学博士，中国地质大学（武汉）公共管理学院副教授，自然资源部法治研究重点实验室研究员，中国人民大学、英国阿伯丁大学访问学者。“益心为公”检察云平台公益诉讼志愿者。主要从事宪法与部门法（刑事法、自然资源法）交叉研究、地方立法研究。主持或参与国家级省部级项目多项，公开出版专著3部，主编或参编教材4部，发表研究论文30余篇。曾获湖北发展研究奖，研究成果被政府部门及地方立法采纳。

刘怡达 法学博士，湖南大学法学院副教授、硕士生研究生导师。主要研究中国宪法学、立法学和监察法学，主持国家社科基金青年项目等课题，在《法学研究》《比较法研究》《政治与法律》《学习时报》等报刊发表文章20余篇，并有多篇被《新华文摘》、中国人民大学书报资料中心《复印报刊资料》转载。

陈家勋 武汉大学法学院宪法学与行政法学专业博士研究生，主要研究领域为检察学，在《现代法学》《华东政法大学学报》《探索》等期刊上发表学术论文数篇，参与编写《中国行政检察发展报告》，获最高人民检察院全国检察基础理论研究三等奖。

目录

第一章　新时代法律监督理念：逻辑展开与内涵阐释*

新时代，我国诸项改革渐次展开，持续深化，检察事业迈入新的历史时期，检察改革面临新的形势和新的任务，检察机关正处在法律监督工作全面深化调整的改革期。法律监督理念，作为法律监督工作的指引者以及法律监督方向目标的决定者，是影响法律监督之品质和价值的关键因素，其科学正确与否，关乎法律监督是先进还是落后。[1] 我国检察事业及法律监督工作如欲紧抓历史机遇、谋求长期发展，尤为重要者便是充分运用法律智慧，尽快从理念层面总结形成一整套能够从根本上指导和调整我国法律监督工作的思想和原则，进一步提升法律监督效果，在正确轨道上有序推进我国法律监督工作。

---

* 本章原载《国家检察官学院学报》2019 年第 6 期。

〔1〕 参见慕平：《中国特色社会主义检察理念研究》，载《法学杂志》2009 年第 4 期。

近年来,我国检察系统提出了“转隶就是转机”“在监督中办案、在办案中监督”“双赢多赢共赢”“四大检察”“十大业务”全面协调充分发展等理念。〔1〕这些理念适应了形势发展变化,有利于推动检察工作创新发展。但是,对于这些理念之间究竟存在何种关联,它们的本质属性及体系化逻辑应当如何理解,它们背后蕴含了哪些法理内涵,我国法律监督还可能存在哪些科学理念等问题,还有待进一步作出理论阐释和实践总结。这有赖于结合“新时代法律监督理念”之概念对它们加以高度概括和整合。本章从问题意识、基本定位、逻辑边界和根本保证等四个方面对新时代法律监督理念之逻辑展开论述,进而概括阐释新时代法律监督理念的科学内涵,以期对我国检察事业及其理论研究有所裨益。

一、新时代法律监督理念的概念及本质

我国法学界使用的“理念”一词,通常是指事物的本质和价值,是主导、引导人们从事实践活动的高度抽象的精神原则。〔2〕从主客观关系上讲,理念是一种制度在建构和设计中内在的哲学基础、精神原则和指导思想。理念还与观念相关联,只有上升到理性高度的观念才可被称作

---

〔1〕参见最高人民检察院 2019 年 8 月 26 日印发的《最高人民检察院关于加强和改进新时代检察理论研究工作的意见》。

〔2〕参见张恒山:《略谈社会主义法治理念》,载《法学家》2006 年第 5 期。

"理念"。[1] 对法律监督来说,理念是指导、引领实践工作的思想和灵魂。[2] 笔者认为,所谓新时代法律监督理念,是指在新时代条件下,针对有关法律监督工作内在要求和运作规律的一系列观念、信念、理想和价值进行高度凝练和总结概括,进而从理念层面提炼出的用作指导和调整我国法律监督工作的一整套思想和原则。

实际上,"新时代法律监督理念"是在传统"检察理念"基础上提出的新概念。我国传统检察理论研究此前已经提出并探讨过"检察理念"。总体来看,对此之研究大致可以划分为四个阶段。第一阶段是探索阶段(2005 年以前)。其特征是:尚未形成对"检察理念"的整体认知,[3] 即有关研究主要围绕民事行政检察等某项具体职能展开,同时,主流观点将"检察理念"等同为"检察执法理念"[4]。其间,2004 年出版的《检察:理念、制度与改革》一书,首次从检察事业整体视角展开研究,较为深入地探讨了人权保障、公平正义等理念与逮捕、职侦、公诉等诸项

---

[1] 党的十九大报告提出:"加大全面普法力度,建设社会主义法治文化,树立宪法法律至上、法律面前人人平等的法治理念。"对此,有学者指出:"'法治观念'的提法改为'法治理念',是法治进程中的一个巨大进步。"李雅云:《习近平新时代中国特色社会主义法治思想的重大创新》,载《法治研究》2018 年第 3 期。

[2] 2019 年 4 月 9 日,最高人民检察院检察长张军在最高人民检察院领导干部业务讲座上的授课中指出:"理念是指导、引领办案的思想和灵魂。"张军:《关于检察工作的若干问题》,载《国家检察官学院学报》2019 年第 5 期。

[3] 1997 年学界发表了第一篇有关检察理念的文章。参见陈桂明:《民事检察监督之系统定位与理念变迁》,载《政法论坛》1997 年第 1 期。

[4] 2004 年出版的《中国检察——检察理念与法律监督》一书,直接以"检察理念"命名,不过其内容主要围绕"检察执法理念"展开。参见张智辉主编:《中国检察——检察理念与法律监督》(第 7 卷),北京大学出版社 2004 年版。这基本代表了该阶段的主流观点,即将"检察理念"等同为"检察执法理念"。

检察改革以及检察官制度等的关系。[1] 第二阶段是发展阶段(2006～2009年)。该阶段以社会主义法治理念之提出为开始标志,主要围绕检察理念内涵展开初步探讨,具体有两种研究路径:(1)宏观切入,即结合和谐社会、科学发展观、社会主义法治理念等展开讨论;[2] (2)微观切入,即从公平正义理念、客观中立理念等具体理念展开。[3] 此外,亦不乏对民事行政检察理念、刑事检察理念等后续研究。其间,2008年出版的《21世纪的中国检察制度研究》对"检察理念"的概念及特征作了初步概括,认为"检察理念就是对检察制度的本质属性和内在规律的认识,是引导检察职能行使的高度概括的指导思想。检察理念具有深层次性、时代性和相对稳定性"[4]。第三阶段是形成阶段(2010～2013年)。在此期间,检察理念有关研究更加突出系统性、实践性和延展性,主要围绕"检察理念"之体系建构及历史溯源进行深入探讨,相关成果也有两类:(1)体系建构型,即尝试完成检察理念体系之建构。具体又分两种研究路径:一种是结合检察学研究范围及对象之类型化,尝试将检察理念拆

---

〔1〕 参见孙谦:《检察:理念、制度与改革》,法律出版社2004年版。

〔2〕 参见姜伟:《和谐语境中的检察功能与检察理念》,载《中共中央党校学报》2006年第5期;覃祖文:《和谐社会与检察机关公诉执法理念》,载《广西政法管理干部学院学报》2007年第5期;吴建雄:《论科学发展中的检察执法理念》,载《中国刑事法杂志》2009年第7期。

〔3〕 参见陆而启:《论检察制度的人本主义理念》,载《中国检察官》2006年第1期;王立秋、黄继荣:《检察人员社会主义法治理念的培养》,载《国家检察官学院学报》2006年第3期;周永年:《论公平正义理念对检察工作的要求》,载《政治与法律》2007年第2期;张洪峰:《检察理念三辩》,载《国家检察官学院学报》2007年第2期。

〔4〕 甄贞:《21世纪的中国检察制度研究》,法律出版社2008年版,第129页。

解为与它们对应的诸项理念;[1]另一种是结合检察实践工作内容之类型化,尝试将检察理念拆解为几种不同维度并作分别研究。[2] (2)历史溯源型,主要从历史维度切入,尝试对新中国成立以来不同历史时期检察相关理念作出阶段性划分,并归纳各阶段之特征及主要内容;[3]亦有学者从检察具体职能切入对其相关理念展开历史考察。[4] 第四阶段是新发展阶段(2014年至今)。在此期间,相关成果主要着眼于对既有研究的查漏补缺和回顾展望,尽管数量不多,但讨论更为深入和成熟;同时,实务界比以往更加注重对理论研究的吸收采纳。自2017年开始,伴随我国发展进入新的历史时代,学界逐渐开启了对新时代法律监督理念的研究。

较诸传统意义上的"检察理念","新时代法律监督理念"除了具备前者已有的"独特性、深层次性、时代性和相对稳定性"[5]等之外,还更加注重时代性、整体性并突出"法律监督"属性。具体而言,第一,更加注重时代性。所谓"新时代",是党的十九大关于中国发展的历史方位提出的一个重大判断。作为新时代坚持和发展中国特色社会主义的基

---

[1] 例如,有学者认为我国检察制度必须从本质属性、检察机关职责、检察权的运行规律、检察权的外部监督等方面体现社会主义法治理念,由此构建中国特色社会主义检察理念体系。参见慕平:《中国特色社会主义检察理念研究》,载《法学杂志》2009年第4期。

[2] 例如,《检察工作发展理念和执法理念讲义提纲》一书将检察理念拆解为核心价值观、大局观、执法观、业绩观、权力观以及发展观等。参见最高人民检察院政治部编:《检察工作发展理念和执法理念讲义提纲》,中国检察出版社2012年版,第74~159页。

[3] 参见吴冀原:《当代中国检察理念的历史考察》,载《信阳师范学院学报(哲学社会科学版)》2014年第5期。

[4] 参见卢乐云:《论刑事检察理念的更新》,载《中国刑事法杂志》2013年第12期。

[5] 甄贞:《21世纪的中国检察制度研究》,法律出版社2008年版,第129页。

本方略之一，全面深化改革意味着我国诸项改革渐次展开，持续深化。新时代法律监督理念正是基于我国检察事业进入新的历史时期、检察改革面临新的形势和新的任务、检察机关正处在法律监督工作全面深化调整的改革叠加期等背景之下产生的。第二，更加注重整体性、系统性和层次性。新时代法律监督理念是作为整体形式存在的，其并不要求针对法律监督工作中可能存在的具体问题分别提出对应理念，而是表现为一整套体系完善、逻辑自洽、层次明晰的思想和原则。第三，突出“法律监督”的本质属性和目标导向。新时代法律监督理念所指向者乃是关于整体“法律监督工作”的监督理念，因此必须突出“法律监督”的特色，围绕法律监督工作的内在要求和运作规律展开。

新时代法律监督理念之本质，主要关涉三个方面：第一，它是新时代背景下围绕法律监督工作而形成的“理念集合体”；第二，它是建立、发展检察制度的“基本理论支撑”；第三，它还是统摄“工作理念”“改革理念”等特定理念的更高位阶的“上位理念”。在讨论新时代法律监督理念时，有两种误解颇具代表性：一是部分检察实务工作者倾向于将其理解为所谓“工作理念”，进而围绕检察官如何工作、检察办案如何开展等类似问题展开讨论；二是有的检察理论研究者习惯于将其等同为所谓“改革理念”，进而围绕检察职权及组织如何设置、检察改革如何推进等类似问题展开讨论。这些观点当然有其合理性，也一定程度上符合检察改革及工作开展的实际需要，但却未能透视其本质，不仅以偏概全，而且无法达致有效指导和调整检察事业及法律监督工作之目标，其根源则在于受经验主义所累以及身份框限。实际上，对于检察工作开展、检察改革推进、检察职权优化、检察职能保障等而言，它们与新时代法律监督理念之间确实存在诸多关联，具体表现为：后者乃是基于前者之内在要求及运作规律而形成，后者存在之现实意义在于指导及调整前者，后者可以外化表现为与前者相关之具体内容，等等。但是，从逻辑关系来看，它们并不是包含关系。就侧重点而言，检察工作理念重在“工作”，检察改革理念重在“改革”，检察职权优化理念重在“职权优化”，检察职权保障理念重在“保障职权”。一方面，无论是它们其中一个或者几个理念，还是这些理念的集合，都不是真正意义上的新时代法律监督理念；另一方面，这种以“检察职权体系”为线索推导出的“法律监督理念体系论”，难以从系统性、全局性和关联性等多方面作出综合考量，抑或导致未来改革设计及实践工作存在自我矛盾的不适症状。作为“理念集合体”和“基本理论支撑”而存在的新时代法律监督理念，以其“上位理念”的地位而统摄“工作理念”“改革理念”等特定方面之理念，由此成为开展检察工作、推进检察改革、优化检察职权及保障检察职能等有关一切法律监督工作的根本指引。

总体观之，在两院组织法、三大诉讼法历经多次修改，监察体制改革持续深入开展，认罪认罚从宽、公益诉讼、捕诉一体等检察工作内容不断更新等多重背景之下，在现有“检察理念”之基础上进一步提出“新时代法律监督理念”，一方面有利于强化理论共识、统一内部思想，充分发挥相关理念在指引改革实践、指导日常工作等方面的重要作用；另一方面也能够突破传统“检察”思维桎梏，从“法律监督”的更高层次对待检察改革及其实践工作，进一步健全监督体系、强化监督效果、构建监督权威。由此，不仅对检察事业及其理论研究具有重要意义，更有利于在新的历史时期进一步推进我国检察体系和检察能力现代化。

二、新时代法律监督理念的逻辑展开

（一）新时代法律监督理念的问题意识

在指导和调整我国法律监督工作的过程中，新时代法律监督理念，一方面从理论层面系统性回答了新时代应当坚持和发展什么样的法律监督，另一方面从实践层面系统性地回答了新时代应当怎样坚持和发展法律监督。此即新时代法律监督理念的问题意识，或者说其所欲解决的根本问题。

就理论层面而言，新时代法律监督理念之问题意识在于系统性回答"新时代应当坚持和发展什么样的法律监督"这一根本问题。其所涉问题大致可以归纳为3个层面：(1)在范畴层面，其一，法律监督与公诉、侦查和诉讼监督等之间究竟是何种关系。其二，法律监督活动（权）与检察活动（权）之间究竟是何种关系。其三，在更大范围内开展法律监督工作是否具备宪治正当性与现实合理性，进一步讲，所谓"法律监督主责主业"指的是什么责、什么业？(2)在性质层面，其一，法律监督活动（权）本身应当定性为何种性质的活动（权力）。[1] 其二，法律监督活动

〔1〕 所谓法律监督机关、法律监督权，分别是从机构"定位"和职能"定性"的不同角度切入的。从语义来看，"定位"倾向指在"国家机构"的序列中对"检察院"作出"法律监督机关"的定位，"定性"则倾向从"国家权能"上对"检察院的权能"作出"法律监督权"的框定。参见陈云生：《我国宪法检察"机关定位"及其意义探析》，载《法治研究》2012年第1期。法律监督活动之表达，则从活动"属性"切入。鉴于法律监督活动之概念及外延未达共识，学者们通常将法律监督活动拆解为公诉、侦查、监督等不同层面的活动，并结合传统立法、行政及司法之属性三分来解释它们。

在我国宪法实施与法律实施过程中[1]属于何种层次之活动。其三,法律监督与宪法监督、监察监督等之间的差异性和界限在哪里。(3)在价值层面,法律监督本身究竟是一种目标或者理想状态,还是一种过程或者实现其他目标的工具。易言之,法律监督是否存在独立的现实目标和价值追求。这些问题,如果仅从研究者自身角色或者既有知识体系出发,预设结论式地加以论证,很容易逡巡于其各自的狭隘视角,故而必须上升至理念层面进而加以科学完整地体系化研究。

就实践层面而言,新时代法律监督理念之问题意识在于系统性回答"新时代应当如何坚持和发展法律监督"这一根本问题。其所涉问题大致可以归纳为5个层面:(1)在理论基础及宪治背景层面,或者说在与其他国家机构及国家权力的关系层面,如何区分好社会主义国家权力监督原则和分权与制衡原则之间的关联性及差异性,认真秉持独立宪治机构之宪法地位并发挥其优势。质言之,应当以何种理念及原则作为法律监督工作之逻辑起点,进而处理好法律监督机关之内外组织关系,同时厘清法律监督活动之本质属性并完善其内外衔接机制。(2)在与执政党的关系层面,如何在坚持党对法律监督工作领导的基础上,认真履行"依照法律独立行使检察权"的宪法原则。(3)在与宪法法律的关系层面,如何把握好"依法"和"独立行使检察权"的关系,在法律监督机关之角

---

〔1〕 正如范进学教授指出,宪法实施与法律实施是不同意义上的法律实施活动,法律实施不意味着宪法实施,法律实施也不是宪法规范实施之全部。所谓"宪法实施"除了有关法律之实施外,还包括宪法本身条款(如国家机构和基本权利条款)的实施。参见范进学:《宪法实施:到底实施什么?》,载《学习与探索》2013年第1期。

色定位下履行好监督法律实施之根本任务。(4)在与人民群众的关系层面,如何把握好检察为民和服务大局的关系,既发挥好检察机关在政法工作中的法律监督作用、在反腐工作中的纪法衔接作用及在普法责任制中的法治宣传作用,又不至于过度下放“解释权”,避免少数基层地方以维稳需要为由虚置法律监督职能。(5)在日常工作层面,一方面,检察机关应当如何看待检察办案与常态监督之间的关系,法律监督又应当依靠何种职权措施,才有可能真正实现与其宪法定位相匹配的现实权威[1]和地位,进而做好法律监督、取得监督良效;[2]另一方面,法律监督如何真正聚焦主责主业,将其既定目标和价值贯穿始终,最终在规制国家公权、保障公民权利和构建检察权威之间把握好动态平衡。

(二)新时代法律监督理念的基本定位

新时代法律监督理念之基本定位,主要可以从宏观和微观两个层面来考虑。前者指向的是其在我国全面推进依法治国、建设社会主义法治国家进程中的定位问题,后者则主要考虑其在我国检察事业及法律监督工作过程中的定位问题。

就宏观层面而言,新时代法律监督理念是新时代中国特色社会主义法治理念在法律监督领域的具体化。所谓新时代中国特色社会主义法

---

〔1〕 此处所谓“现实权威”,并非指向规范渊源上的正当性,而是指法律监督在运行和实施过程中的一种现实的信任、力量和威望,下同。

〔2〕 正如有学者指出:“真正影响检察权强弱的,其实是有无对职务犯罪的侦查权和有无对行政行为(包括具体行政行为和抽象行政行为)和地方立法的法律监督权。”参见张智辉、谢鹏程:《现代检察制度的法理基础——关于当前检察理论研究学术动态的对话》,载《国家检察官学院学报》2002 年第 4 期。

治理念,是社会主义法治理念在新时代条件下的新的表现形式。社会主义法治理念,作为"法治理念与社会主义理念的理论融合和实践结合"[1],是体现社会主义法治内在要求的一系列观念、信念、理想和价值的集合体,是指导和调整社会主义立法、执法、司法、守法和法律监督的方针和原则,其基本内容一般认为包括依法治国、执法为民、服务大局、公平正义以及党的领导五个方面。同时,这些内容与监督制约理念、基本人权理念、司法公正理念、独立司法理念和法律权威理念等并行不悖。[2] 从新时代中国特色社会主义法治理念与新时代法律监督理念的关系来看,二者乃是共性与个性、整体与部分的关系。以系统论视角观之,新时代中国特色社会主义法治理念处于更高层次,新时代法律监督理念必须服务于新时代中国特色社会主义法治理念;以具体内容观之,新时代法律监督理念蕴藏于新时代中国特色社会主义法治理念之中,同时必须突出法律监督的本质属性、内在要求和运作规律。

就微观层面而言,新时代法律监督理念是指导和调整我国全部法律监督活动的根本指针。理念是指导、引领实践工作的思想和灵魂;新时代法律监督理念作为建立、发展检察制度的基本理论支撑,亦以该身份指导和调整检察事业及法律监督工作。新时代法律监督理念的此种地位,贯穿于以下几个方面:一是指导法律监督有关制度建构,二是指导法律监督相关立法、修法及释法,三是指导检察机关内部运作及其对外关

---

[1] 张文显:《社会主义法治理念导言》,载《法学家》2006 年第 5 期。

[2] 有关这些理念之间的辩证关系,参见谢鹏程:《论社会主义法治理念》,载《中国社会科学》2007 年第 1 期。

系，等等。例如，检察机关的公共利益代表之身份，是否意味着其能够取代行政机关，从而直接行使后者之公共管理职能？又如，跨行政区划改革究竟是不是解决司法地方化倾向的最优选项？再如，检察机关退回补充调查（侦查）或者作出不起诉决定之前，是否有必要与监察机关（公安机关）商得一致？此外，调查机关（侦查机关）在移送审查起诉时，如附从宽处罚建议书，那么检察机关在审查起诉时是否必须采纳并在提起公诉时将之"呈堂"？检察机关在普法责任制任务分工中究竟应当承担多少责任？这些问题都有赖于结合新时代法律监督理念予以回答，对此后文还将详述。

（三）新时代法律监督理念的逻辑边界

新时代法律监督理念之逻辑边界，主要可以从我国宪治结构之框限以及世界检察理论之对比两个方面来考虑，其要求不得违背我国人民代表大会（以下简称人大）制度根本遵循，亦不得违背现代法治国家基本共识。

总体来看，一方面，我国此种宪治结构为法律监督机关制约和监督行政权、立法权提供了比较充分的宪治正当性和现实可能性；另一方面，检察机关作为法律监督专门机关而非宪法实施监督机关，也决定了其对立法权的监督必须以我国人大制度为根本遵循。

就检察理论比较而言，新时代法律监督理念亦不得违背现代法治国家基本共识。"法律监督"作为我国国家权力运行的重要范畴，不是法外之地，也不是"法治原则"的例外。《宪法》第 2 条及第 3 条规定了"一切权力属于人民"和"民主集中制原则"，其中第 3 条第 3 款关于各机关受权力机关监督之规定与第127条第2款、第140条共同体现了社会主义国家权力监督原则,第5条第2款规定了“国家维护社会主义法制的统一和尊严”,第33条第3款规定了“国家尊重和保障人权”,并以第二章整章规定“公民的基本权利和义务”,第131条及第136条规定了“人民法院(人民检察院)依照法律规定独立行使审判权(检察权)”。这些原则及规则,说明我国《宪法》贯彻着人民主权理念、监督制约理念、法律权威理念、基本人权理念、独立司法理念等重要理念,也体现了我国宪法与现代法治精神的传承及发扬关系。正向观之,我国全体公民对社会法治化的尊崇与向往,[1]深刻说明了“只有让公平正义的法治理念在检察机关法律监督职能中得到充分发挥,人民群众才能对依法治国和国家法治建设更有信心”[2];置换视角,“新时代人民群众对民主、法治、公平、正义、安全、环境等方面的法治需求,决定了检察机关必须不断提高法律监督水平,提供更好的法律监督产品”[3]。

(四)新时代法律监督理念的根本保证

新时代法律监督理念之形成及实践指引,应当始终坚持中国共产党对法律监督工作的领导。从法律权威、民主政治与党的领导三者的辩证关系来看,“有机统一说”认为,中国特色社会主义民主政治区别于西方

[1] 正如著名哲学家李德顺教授指出:“中国社会的法治化不仅仅是法学和司法界的目标,而是全体公民的权利、责任与福祉。”参见李德顺:《“民主法治”是我们应有的政治文明》,载《新华月报》2013年第3期。

[2] 康启:《公平正义的法治理念在法律监督职能中应充分发挥》,载《西部法治报》2017年8月5日。

[3] 苗生明:《以科学理念指引新时代检察监督实践》,载《检察日报》2018年7月25日。

政治制度的本质特征,在于坚持党的领导、人民当家作主和依法治国的有机统一。其中,党的领导是人民当家作主和依法治国的根本保证,人民当家作主是社会主义民主政治的本质要求,依法治国是党领导人民治理国家的基本方略。坚持党的领导,被视作"人民检察事业持续正确稳定发展的首要遵循和根本保证"[1]。

党的领导与法律监督的关系,主要体现在领导方式和执政方式两个方面。首先,在领导方式上,主要表现为政治、思想和组织方面的领导,这意味着各级党组织要通过综合运用这些方式,实现对新时代法律监督理念之形成及实践的有序领导。党的领导方式是实现党的领导的核心问题,是"政党率领、引导人民群众和各类社会组织实现特定目标的形式、方法、途径的总称"[2]。1982 年,党的十二大通过的《中国共产党章程》首次明确提出:"党的领导主要是政治、思想和组织的领导。"党的十六大报告也明确提出,要"改革和完善党的领导方式和执政方式",重申"党的领导主要是政治、思想和组织领导"。其次,在执政方式上,主要表现为对法律监督工作的"保证"和"支持"。在中国共产党执政方式的基本理论框架中,依法执政作为执政的基本途径,是实行依法治国基本方略、发展社会主义民主政治、建设社会主义政治文明的必然要求,其要求党要坚持依法治国,领导立法,保证执法,支持司法,带头守法。尽管法律监督机关通常被定位为司法机关之一,但其活动同时关涉调查侦

---

〔1〕 孙谦:《新时代检察机关法律监督的理念、原则与职能(上)——写在新修订的人民检察院组织法颁布之际》,载《检察日报》2018 年 11 月 3 日,第 3 版。

〔2〕 奚洁人:《科学发展观百科辞典》,上海辞书出版社 2007 年版,第 352 页。

查、批准逮捕、审查起诉等多种职能属性,故而需要通过坚持党的领导来保证和支持法律监督工作。

三、新时代法律监督理念的科学内涵

(一)以"民主法治"为核心内容

民主法治,既是新时代法律监督理念的核心内容,也是贯穿法律监督始终的逻辑和基础。发展民主、健全法治,既是社会主义制度的内在要求,也是社会主义政治文明和社会主义核心价值观的基本内容。《宪法》第5条第1款规定:"建设社会主义法治国家。"社会主义法治的核心价值,在于通过宪法法律来调整国家各个方面的活动,这是"一项历史成就、一种法治品德、一种道德价值和一种社会实践"[1];社会主义民主则表现为人民民主专政的社会主义国家性质、以民主集中制为核心的人民代表大会制度、中国特色基层群众自治制度和民族区域自治制度等。民主与法治二者相辅相成、不可分割,前者为后者奠定基础,后者为前者提供保障,这正是现代民主法治追求的目标。[2] 新时代下,社会主义民主法治有着更加深刻的价值意蕴和理念内涵。在检察事业和法律监督工作中,必须始终坚持民主法治理念的核心地位。

所谓坚持"民主"理念在检察事业和法律监督工作中的核心地位,本质上就是要将民主意识贯彻于法律监督的全部过程。具体而言:

---

〔1〕 夏勇:《法治是什么——渊源、规诫与价值》,载《中国社会科学》1999年第4期。

〔2〕 参见秦前红、刘高林:《论民主与法治的关系》,载《武汉大学学报(哲学社会科学版)》2003年第2期。

(1)在检察机关内部及与其他国家机构的关系方面,要以“民主集中制”作为根本组织原则。民主正当性是法律监督之正当性的根本来源,符合法律的法律监督活动于此意义上得到了政治意义上的确认。就产生及外部关系而言,法律监督机关作为国家机构之一,发端于人民主权并由权力机关产生,对权力机关负责并受其监督。在检察事业及法律监督工作过程中,检察改革方案的讨论与形成、检察有关制度及立法的制定与通过、各级检察机关领导人员和其他工作人员的产生与履职以及各级检察机关的组织运作与日常活动等各个方面,都要贯彻民主集中制的组织活动原则。(2)在检察办案及常态监督过程中,要以“公共利益代表”之身份作为根本立足点。有学者从检察对司法之价值角度指出其存在目的即“代表国家和公众维护公共利益,并通过对公共利益的维护来帮助司法机关做出公正裁判”[1]。现代社会纷繁复杂,民主制度难以完全实现包括刑事公益在内的全部公共利益,时至今日,检察权早已超越刑事公诉范畴而被赋予一般公共利益代表之身份。联合国大会于1990年批准通过的《关于检察官作用的准则》第11条有关检察官职权的规定中指出:“检察官应在……和作为公众利益的代表行使其他职能中,发挥积极作用。”在我国,公共利益代表之身份,不仅是检察机关公益诉讼以及传统刑事检察之立足点,也是民事检察、行政检察之立足点。有论者进一步主张,以公共利益的代表为核心构建新时代检察权理论体系。[2]

---

[1] 贺日开:《我国检察制度对司法权威生成的消极影响》,载孙谦主编:《检察论丛》(第9卷),法律出版社2004年版,第335页。

[2] 参见闵钐:《检察权理论体系中的公共利益》,载《中国检察官》2018年第15期。

(3)此外,当前实务界所提出的“以办案为中心”和“产品理念”,实质在于通过办案“满足人民群众美好生活需要”和“让人民群众有更强的获得感”所体现的检察为民之服务理念,属于民主意识的延伸。

所谓坚持“法治”理念在检察事业和法律监督工作中的核心地位,本质而言就是要将“依法监督”理论作为全部法律监督活动的根本理论指导。这至少包括三个方面的内涵:(1)以“合法性原则”作为法律监督工作合法化的逻辑起点。合法性原则作为形式法治之要求,弖调一切法律监督活动必须符合法律规定,由此在最低程度上使其获得形式正当性。(2)检察机关是“法律监督机关”,而不是“宪法监督机关”。《宪法》规定检察机关是“法律监督机关”,《人民检察院组织法》(2018年修订)第2条还规定其任务包括“维护国家法制统一、尊严和权威”,但并不意味着它是宪法监督机关。根据《宪法》第62条和第67条的规定,我国宪法监督机关有且仅有全国人大及其常委会。(3)检察机关之“解释权”不得超出《立法法》规定的范畴,并明确与其他规范性文件之关系。根据全国人大常委会《关于加强法律解释工作的决议》和2015年修改后的《立法法》规定[1],“两高”(最高人民法院和最高人民检察院)拥有制定司法解释的权力,但司法解释之效力尚不明确。对此,学界主流学说基本认同“司法解释具有法律效力”,就其效力位阶则主要有“类型化

〔1〕 根据1981年6月全国人大常委会《关于加强法律解释工作的决议》规定,全国人大赋予司法机关司法解释权,最高人民法院和最高人民检察院分别就审判工作和检察工作中具体应用法律的问题进行解释;2015年修改后的《立法法》第104条对此作出正式规定,即最高人民检察院有权作出属于“检察工作中具体应用法律的解释”,但须满足两个条件:“主要针对具体的法律条文”和“符合立法的目的、原则和原意”。

说”“效力低于法律说”“效力等同于行政法规说”等学说，此外还有“效力模糊说”“制定机关决定说”“解释对象决定说”等主张。[1] 实践中需要解决的问题是，如何处理好检察机关司法解释与作为其解释对象的“具体的法律条文”、其他法律条文、立法解释以及行政法规、地方性法规和行政规章之间的位阶关系，同时注意避免出现“以释代法”现象。

（二）以“法制统一”为基本诉求

法制统一，既是新时代法律监督理念的基本诉求，也是法律监督之所以存续的直接原因和形式目标。所谓法律监督，本质而言是维护国家法律完整统一正确实施的国家宪治职能。正如徐汉明教授指出，法律监督所欲解决的诸多问题，皆为“破坏国家刑事法律规范、民事法律规范、行政法律规范、反腐败法律规范的行为所导致”，其“直接危害后果”包括“实体正义与程序正义遭受破坏，刑事案件枉纵冤错与侵犯人权、国家法制统一尊严权威受到破坏，民主法治秩序受损，公平正义不彰，安全环境堪忧，和谐稳定秩序紊乱，公民、法人及其他组织对依法应当享有的‘法福利’的获得感、满意感、幸福感不彰等”。[2] 鉴于此，维护国家法制统一应当被视作检察事业和法律监督工作的第一要务和首要职责。

维护国家法制统一之所以能够被定位为“基本诉求”，是建立在社会主义国家权力监督原则之上的。在我国，法律监督职能是在社会主义国家权力监督原则与民主集中制原则共同指导下形成的重要宪治职能，

---

〔1〕 参见王成：《最高法院司法解释效力研究》，载《中外法学》2016 年第 1 期。

〔2〕 参见徐汉明、孙逸啸：《新时代人民检察事业创新发展的基本遵循——学习习近平同志关于检察改革和检察工作系列观点的体会》，载《法学评论》2019 年第 5 期。

其实质是源于宪法并在权力机关之下的专责监督模式。

所谓维护“国家法制统一”,包含了国家统一、法制统一、法令统一和市场统一等多个层次。[1]《人民检察院组织法》第2条规定,“人民检察院通过行使检察权……维护国家法制统一、尊严和权威,保障中国特色社会主义建设的顺利进行”。维护国家统一,指的是维护人民民主专政的社会主义制度,维护国家的尊严和权威,从社会秩序、生产秩序、工作秩序、教学科研秩序和人民生活秩序等多个层面维护社会主义秩序,确保人民安居乐业、社会安定有序、国家长治久安;维护法制统一,指的是维护中国特色社会主义法律体系从上位法到下位法、从一般法到特殊法、从此部门法到彼部门法等多重维度之统一;维护法令统一,指的是维护我国单一制统一多民族国家之结构形式,确保从中央到地方之各级政策法令皆发端于中央政府而不至于各自为政、各行其是;维护市场统一,指的是保护社会主义全民所有的财产、劳动群众集体所有的财产和公民私人所有的财产,维护以社会主义公有制为基础的开放性市场在全国范围内秩序井然,推进经济长期稳定可持续发展,确保国家发展成果由人民共享。

从监督对象来看,法律监督之本意不仅在于监督确保全民守法,更重要者乃是通过对公权行为的合法性进行审查与监督,以保障法律的正确统一实施,由此亦可确立法律监督规制国家公权之属性,而此种属性

[1] 参见徐汉明、孙逸啸:《新时代人民检察事业创新发展的基本遵循——学习习近平同志关于检察改革和检察工作系列观点的体会》,载《法学评论》2019年第5期。

不仅是法律监督自身意义之所在,更是实现法律监督的根本路径。问题在于,我国实践中围绕"诉讼监督"尤其是刑事诉讼监督形成的法律监督体系,其现实价值还主要停滞于《宪法》规定的办理刑事案件"互相制约"层面,规制对象则主要局限于审判机关和行政侦查机关,远未充分发挥我国检察机关独立行使检察权这一关键优势。鉴于此,通过"诉讼监督"和"行政检察监督"这两种法律监督活动的概念分野和实践区分,从两种平行路径更大程度地实现对国家公权行为的合法规制,便具有充分合理性及必要性。其中,"前者倾向于监督司法裁判,后者趋向于规制公共行政,分别追求诉讼活动和国家管理的过程公平与结果公道"〔1〕。

从监督内容来看,法律监督之外延应当不限于诉讼监督,又不同于一般监督。具体而言:(1)从"法律监督"与"一般监督"的关系来看,要注意当前意义上的"(专门)法律监督"并不意味着"一般监督"。从"一般监督"到"法律监督",我国检察院的职权已有一定程度限缩,主要指公诉权、侦查权和狭义法律监督权(不含公诉和侦查),该设定符合我国当前的一元宪治结构。于此背景下,我国权力机关和检察机关之间是决定与执行、监督与被监督的关系,二者存在位阶和性质上的差异,检察院法律监督权不得超越自身位阶,即法律监督对象不涉及国家权力机关实施的活动。正因如此,有学者根据我国社会法治现状和检察机关法律监督的特点,将现行法律监督概括为"有限的一般监督"〔2〕。(2)从"法律

〔1〕 秦前红:《两种法律监督的概念分野与行政检察监督之归位》,载《东方法学》2018年第1期。

〔2〕 崔建科:《论行政执法检察监督制度的构建》,载《法学论坛》2014年第4期。

监督"与"诉讼监督"的关系来看,我国实践中狭义的法律监督体系,并不完全符合我国宪法对检察院的定位。[1] 对此,不少学者提出了相应意见,如"走向宪法规定的法律监督机关的大舞台"[2],"全面复原、充分发挥、及时回归检察机关的法律监督权能,树立'大检察'格局"[3],"从立法、执法、司法和守法 4 个环节实现有效的法律监督"[4],等等。(3)在此基础上,应当进一步区分广义法律监督与狭义法律监督,一方面,避免一元论和二元论的争议;另一方面,由此将我国法律监督体系区分为 3 个层次:权力机关之法律监督、检察机关之广义法律监督和检察机关之狭义法律监督。[5] 立足我国人大制度根本遵循并结合国家活动的立法、行政和司法之属性划分,笔者认为,所谓"狭义法律监督",应当是一种专门法律监督机关对国家立法权之外的国家职权及其活动是否正确统一实施法律的监督。(4)进一步而论,对行政规范性文件和行政审判规范性文件的监督,可以作为法律监督尤其是行政检察监督工作创新的重要突破口,其核心是防止以前述文件之名破坏法制统一的现象发

---

[1] 我国检察院实际履行的核心职能主要框限于司法尤其是刑事司法领域,但这一现状并不完全符合我国宪法规定的法律监督职能。参见喻中:《如何理解"检察院是国家的法律监督机关"——宪法第 129 条对于中国宪制体系的意义》,载《长白学刊》2009 年第 3 期。

[2] 同上书。

[3] 王文生、徐岱、刘平:《论检察机关法律监督权能之回归——"大检察"格局之构想》,载《当代法学》2008 年第 5 期。

[4] 任文松、王晓:《社会主义法制视角下的检察权设计》,载《山东师范大学学报(人文社会科学版)》2010 年第 5 期。

[5] 秦前红:《两种法律监督的概念分野与行政检察监督之归位》,载《东方法学》2018 年第 1 期。该文章还对"狭义法律监督"作出如下定义:我国人民检察院行使的独立于公诉和侦查职能之外的,以保障宪法法律统一正确实施为价值追求、以国家立法之外的国家职权及其活动为监督内容的特定检察活动。

生，但仍需以我国人大制度根本遵循为前提。

此外，为了实现维护国家法制统一之基本诉求，推进检察队伍专业化建设便显得尤为必要和紧迫。伴随进入新时代和社会主要矛盾转化，我国社会分工日益细化，人民群众对民主、法治、公平、正义、安全及环境等方面都提出了更高要求，对法律监督工作的专业化程度也提出了更高要求。如何做到“把专业化建设摆到更加重要的位置”？为此，一方面，要在遵循司法发展规律之前提下，有序推进员额制改革、检察人员分类管理改革及省级以下人财物统管改革等；另一方面，还要通过科学合理的在职培训、通识教育和专业教育，培养更多社会主义检察法治人才，以满足检察事业和法律监督工作的实践需要。另外，要注重“变更取证思路”“优化审查模式”“严格证据排除”三轨并进，[1]在审查起诉阶段，尽快实现从以口供为主的主观性证据审查模式向以客观性证据为主的客观性证据审查模式的合理过渡。

(三)以“人权保障”为本质要求

人权保障，既是新时代法律监督理念的本质要求，也是法律监督长期存续的必然趋势和实质目标。尊重和保障人权，是社会主义政治文明的重要标志。我国现行《宪法》相较于1982年以前几部宪法文本在篇章结构上有一个重要特点，即将“公民权利”章节调整至“国家机构”章节之前；2004年，第十届全国人大第二次会议通过宪法修正案，首次将人

---

〔1〕 参见秦前红、石泽华：《目的、原则与规则：监察委员会调查活动法律规制体系初构》，载《求是学刊》2017年第5期。

权概念引入宪法,明确规定"国家尊重和保障人权"。宪法法律应当保障公民权利与自由的实现,这正是法治的价值所在。而践行人权保障理念,应从以下四个方面着手:

1. 在检察事业和法律监督工作中,必须时刻牢记以保障公民权利与自由作为终极使命。"检察制度的创设不仅在于保障司法权行使的客观性,而且肩负保障人权的特殊使命"[1],这是人民检察院的重要任务。[2] 2018 年修订的《人民检察院组织法》第 2 条规定,检察机关要"维护个人和组织的合法权益",这是对此前版本中"保护社会主义的全民所有的财产和劳动群众集体所有的财产,保护公民私人所有的合法财产,保护公民的人身权利、民主权利和其他权利"的高度浓缩和概括;2019 年修订的《检察官法》也指出:"尊重和保障人权,既要追诉犯罪,也要保障无罪的人不受刑事追究。"这些规定深刻体现了人权保障在新时代法律监督理念中的重要地位。应当承认,1949 年以来,尤其是 1978 年改革开放 40 多年来,我国检察机关在履行法律监督职能过程中,为推动我国人权保障建设发挥了重要作用;但不容否认的是,当前仍有部分人甚至是司法机关内部工作人员,仅将检察机关视为犯罪追诉机关。最高人民检察院检察长张军就此指出:"如果以前可轻可重倾向于重,进入新时代理念就要更新。""这样的理念变化、调整是贯穿整个检察职能的,不仅适用于

[1] 李乐平:《关注检察内在价值》,载《检察日报》2016 年 12 月 2 日,第 3 版。

[2] "人民检察院惩罚犯罪和保护人民是同一任务的两个方面,不可偏废任何一个方面。"周其华:《我国检察机关的任务是什么?》,载《检察日报》2005 年 12 月 6 日。

办理刑事案件,也适用于民事检察、行政检察和公益诉讼检察案件的办理。"[1]

2. 严格遵循"正当法律程序原则",坚持程序法与实体法并重。现代社会并不完全禁止国家在特定条件下,对公民人身及财产权利予以限制,但须有明确的法律规定为依据,同时经过法定程序,由法定机关决定和执行。《宪法》规定,"中华人民共和国公民在法律面前一律平等";《刑事诉讼法》规定,未经法院判决不得认定有罪和疑罪从无原则,并以整章规定"辩护与代理"事项;《公民权利和政治权利国际公约》第14条规定,"在未依法证实有罪之前,应有权被视为无罪",还规定"有相当时间和便利准备他的辩护并与他自己选择的律师联络"是人人完全平等享有的一种最低限度的保证。[2] 坚持正当法律程序原则,对于提升司法水平[3]、尊重保障人权有重要意义。"进入新时代,不放纵犯罪、不伤及无辜、罪责刑相适应必须是'三位一体',应当并重。"[4]

3. 人权保障理念不仅要求建立人权保障机制,而且要求建立权利救济机制。基于裁判请求权、提起申诉和控告权和取得国家赔偿或补偿

---

[1] 张军:《关于检察工作的若干问题》,载《国家检察官学院学报》2019年第5期。

[2] 参见《公民权利和政治权利国际公约》,联合国大会第2200A(XXI)号决议。

[3] 最高人民检察院副检察长孙谦指出:"如果司法机关办理每一起案件都能严格按照刑法的规定和刑事诉讼法的要求,坚持正当程序,严格贯彻罪刑法定、无罪推定、疑罪从无的法治原则,我们的司法水平就会有质的提升。"参见孙谦:《新时代检察机关法律监督的理念、原则与职能(上)——写在新修订的人民检察院组织法颁布之际》,载《检察日报》2018年11月3日,第3版。

[4] 张军:《关于检察工作的若干问题》,载《国家检察官学院学报》2019年第5期。

权，公民在宪法权利受到损害或侵犯时，有权利向有关机关提起“权利救济”。[1] 有学者提出，救济是权利实现的必要条件，所谓“无救济即无权利”和“有权利必有救济”，差别主要在因果顺序。[2] 就公众而言，一方面，包括抗诉等制度在内的法律监督工作，主要着重于弥补我国审级制度之可能缺陷；另一方面，法律监督工作本身也可能成为公民实体权利受损之原因，故而必须畅通完善公民权利之救济渠道。就被监督单位而言，如若法律监督机关职权行使不当，其同样需要求诸一定的异议机制和救济机制。

4. 践行人权保障理念，还要注意避免“监督者恒监督”的错误观点，主动接受外部监督制约。公权行使必须受到监督和约束，这是现代法治国家的一项基本准则，作为我国权力运行和机构设置的一项基本要求，不仅适用于我国法治政府建设的方方面面，也直接体现在诸轮司法改革之中。法律监督机关除了要接受党的领导和监督、接受人大及其常委会的监督、在办理刑事案件中与公安机关和人民法院等相互制约之外，还要接受媒体监督和公众监督。《人民检察院组织法》第 7 条关于司法公开原则的规定，第 11 条关于司法民主、群众监督的规定，第 27 条关于人民监督员制度的规定，都体现了该理念。

（四）以“理性谦抑”为价值追求

理性谦抑，既是新时代法律监督理念的价值追求，也是法律监督实

---

〔1〕 参见林来梵：《从宪法规范到规范宪法》，法律出版社 2001 年版，第 229～231 页。

〔2〕 参见孙笑侠：《西方法谚精选：法、权利和司法》，法律出版社 2005 年版，第 44～45 页。

践操作的应然态度和行为规范。理性,是与感性对应的概念。法律监督工作之所以强调理性,与其维护法制统一之首要职责和保障公民权利之终极使命是分不开的。法律监督工作之所以强调谦抑,则是权力行使之谦抑性和程序监督之工作属性所决定的。在职务犯罪侦查权转移的背景下,理性谦抑理念之重要性尤为凸显。有实务工作者指出,“检察监督失去了所依赖的强力后盾,长期以来的‘威慑型监督’模式难以为继”,故而检察机关应当“以参与型监督理念和体系化监督思路调整完善检察监督职能”[1]。在检察事业和法律监督工作中,应当将理性谦抑理念贯彻落实于思维态度和工作作风之中,始终遵守、主动践行、自觉维护。

1. 秉持“客观公正”的基本立场。这包括:(1)坚持“客观理性”的思维方式。《宪法》第33条规定“中华人民共和国公民在法律面前一律平等”,明确提出了平等原则。该原则在《人民检察院组织法》第5条中被细化为:“人民检察院行使检察权在适用法律上一律平等,不允许任何组织和个人有超越法律的特权,禁止任何形式的歧视。”客观理性的思维方式,就是要坚守“中立者”的定位及初衷,以平和的心态和情绪,理性客观、不偏不倚地平等对待和保护社会的每一个组织和成员,保持司法的稳定性和连续性,并在规制国家公权、构建检察权威与保障公民权利之间寻求动态平衡。(2)坚持“公平正义”的工作目标。司法公正是《人民检察院组织法》明确规定的重要原则。法律的核心价值就在于维护社会

---

[1] 郑永生等:《改革背景下检察监督体系的完善与思考》,载《上海政法学院学报》2017年第6期。

的公平和正义,法律监督的核心功能也在于维护社会的公平和正义,这是人民群众对司法机关的最大期待。坚持公平正义的理念,就是要“依法公正对待人民群众的诉求,努力让人民群众在每一个司法案件中都能感受到公平正义”,在每一起案件中妥善处理好情、理、法的辨证关系,使人民群众真正尊崇法律、信仰法律。

2. 坚持“双赢多赢共赢”的工作方式,对被监督单位及个人要做到既不卑也不亢。“双赢多赢共赢”是当前检察机关内部倡导的一种工作理念,其主张建设监督与被监督的良性、积极关系,努力实现“双赢多赢共赢”。监督和被监督只是法律上、工作中分工不同、职能不同,但目标是共同的,[1]并在此基础上“共同研究解决对策,合力破解社会治理难题”[2]。这符合理性谦抑理念的基本要求,是参与型监督理念和体系化监督思路指导下的理念创新,值得进一步推广。与此同时,实践中尤需注意的一点是:良性、积极的互动关系并不意味着检察机关必须主动“迁就”被监督单位,而是要实现政治效果、法律效果和社会效果三者有机统一。例如,检察机关补充侦查制度和不起诉制度体现了《宪法》第127条、第140条规定的办理有关案件时应当“互相制约”之宪法原则,也是对人权保障理念的遵守和践行。《监察法》(一审稿)第45条规定,检察机关作出不起诉决定之前“应当征求监察机关意见”,该内容在二审稿

[1] 参见张军:《强化新时代法律监督　维护宪法法律权威》,载《学习时报》2019年1月2日,A1版。

[2] 李自民:《以新理念为引领推动公益诉讼深入发展》,载《检察日报》2018年10月29日,第3版。

中被删去,最终表决通过版本亦无此内容。此种立法设计是合理的。在审查起诉实践工作中,如何坚守检察权依法独立行使之宪法原则,是各级检察机关及其工作人员需要考虑的问题。又如,《监察法》第 31 条和第 32 条规定,监察机关在移送人民检察院时可以提出"从宽处罚的建议"。那么,此种从宽处罚之建议能否被定性为具有《监察法》第 62 条规定之法律效果的所谓"监察建议"?根据前述条文,监察建议应当是一种基于监察机关法定职权的、可能直接产生法律效果的建议性处置措施。[1] 基于职权法定原则之实现,此种"监察建议"与广泛意义上的监察"建议"具有不同的性质及地位。如果将此种从宽处罚之建议认定为监察建议,即意味着一旦人民检察院无正当理由拒不采纳,便将承担《监察法》第 62 条规定的法律责任,其不仅违背了"人民检察院依法独立行使检察权"之宪法原则,亦在实际效果、必要性及可操作性等层面有待商榷。

3. 明确以"程序性控制"为主的监督模式,避免过多对实体问题作出最终处分或者过多采取强制性监督措施。列宁指出,"检察长有权利和有义务做的只有一件事:注意使整个共和国对法制有真正一致的理解,不管任何地方差别,不受任何地方影响"[2],"但是检察长无权停止决定的执行,而只是必须采取措施,使整个共和国对法制的理解绝对一

---

[1] 参见秦前红、石泽华:《基于监察机关法定职权的监察建议:功能、定位及其法治化》,载《行政法学研究》2019 年第 2 期。

[2] 《列宁全集》(第 43 卷),人民出版社 1987 年版,第 196 页。

致"[1]。列宁在论证检察机关应实行垂直领导体制的同时,强调检察监督职权限于程序性权限,而不涉及最终决定权。这正是法律监督价值追求的表达,符合权力制衡的规律。法律监督工作的核心,也在于保障司法"过程"的公正性。

4. 注意以"公共法益之一定损害"为介入前提。"公共利益代表"之身份,乃是法律监督机关的根本立足点。基于法律监督谦抑原则和对活动主体职权的尊重,法律监督一般只在公益遭受较严重损害结果时才介入。一个关键问题是,对于其他机关负责的监督事项,若其他监督主体不作为,检察机关是否应介入?对此有不得介入、可以介入和通过检察建议等方式督促履行监督职责等不同观点。考虑到"此时若检察机关再不介入,国家利益、社会公共利益或公民、法人其他组织的合法权益即将受到重大损害"[2],当其他监督主体都不作为时,相应事项应当可以进入法律监督介入之范围。

(五)以"功能优化"为根本方法

功能优化,既是新时代法律监督理念的根本方法,也是法律监督发挥应有功效的根本逻辑和路径选择。我国法律监督在宪治背景及建构模式层面之独特性,意味着我们要以功能优化原则为指引,在新时代中国特色社会主义背景下进一步推进我国检察体系和检察能力现代化。在检察事业及法律监督工作中,要善于将功能优化理念科学运用于组织

[1] 《列宁全集》(第43卷),人民出版社1987年版,第195页。

[2] 参见姜明安:《完善立法,推进检察机关对行政违法行为的监督》,载《检察日报》2016年3月7日,第3版。

及职权设置、组织运作、职能履行等各个方面，具体而言：

1. 在组织及职权的设置上，要注意寻求功能优化之最优选项，在司法成本与检察效能之间寻求最佳平衡。就组织设置来看，以上文提及之疑问为例：跨行政区划改革究竟是不是解决司法地方化倾向的最优选项？《人民检察院组织法（修订草案）》（一审稿）第21条规定："经全国人民代表大会常务委员会决定，可以设立跨行政区划人民检察院，办理跨地区案件。"本条规定后于修订草案（二审稿）中被删去，最终表决通过的版本亦无此内容。王海燕教授指出："当前，跨行政区划检察院改革试点已进入瓶颈期，存在着案件管辖范围与跨行政区划检察院设置目的背离、属地管理模式与制度设计初衷冲突、单一诉讼层级与案件回流地方矛盾等诸多问题。"〔1〕应该说，跨行政区划检察院之设置"对于去行政化和地方化、推动司法公正、提升司法效率有一定的帮助，却也面临改革目标不明确、正当性与合法性不足以及制度逻辑错位等重大问题，与我国人大制度治理模式之间的缝隙不容忽视"〔2〕。就职权设置来看，亦以上文提及之疑问为例：检察长列席审判委员会会议是不是实现诉讼监督功效的最优选项？2018年10月修订的《人民检察院组织法》第26条规定，检察院检察长或者检察长委托的副检察长，可以列席同级法院审判委员会会议。有学者结合实证考察认为，定位于检察机关履行诉讼监督职能方式之一的检察长列席审委会制度，"在具体运作中却成为诉审双

〔1〕 汪海燕、王宏平：《跨行政区划检察院的法律地位研究——以检察院组织法修改为视角》，载《法学杂志》2017年第12期。

〔2〕 秦前红、石泽华：《〈监察法〉派驻条款之合理解释》，载《法学》2018年第12期。

方商谈决疑的合法平台”[1]。

2. 在组织运作的过程中,要以辩证统一的思维正确看待“检察一体化”与“检察官相对独立”的关系。我国检察机关的外部领导体制经历了反复与发展的曲折路线,以现行《宪法》和《人民检察院组织法》有关规定为框架,当前我国确立了人大制度之下的检察系统一体化原则与检察官独立办案相结合的格局。[2] 一方面,这强化了检察内部管理、提升了检察效能;另一方面,司法的亲历性特点、办案责任制以及理性谦抑理念,也要求尊重检察官办案之实质独立性,避免承办检察官沦为检察长、检察委员会或者其所属部门的“代理人”。只有将检察系统一体化原则与检察官独立办案原则加以科学结合,综合考虑我国宪治背景及制度需要,在二者之间恰当地选择最优平衡点,才能有序推进法律监督工作良善运行。

3. 在职能履行的过程中,要坚持“不缺位、不越位”,避免代位执法、越位履职,同时强调以办案为中心、以监督为主业、通过办案实现监督。以上文提及之“聚焦‘法律监督’主责主业”为例,监察体制改革以来,这是流行于我国各级检察机关的重要“宣言”,从中央到地方都掀起了一股讨论热潮,但是各地对于究竟聚焦于什么责、什么业,其实远未达成一

---

〔1〕 刘婵秀:《检察长列席审委会制度实证考察》,载《国家检察官学院学报》2014 年第 3 期。

〔2〕 其意蕴有五:一是检察机关由权力机关产生、对其负责、受其监督。二是各级检察机关是一个不可分割的整体。三是上下级检察机关之间实行上命下从关系。四是实行检察长与检察委员会相结合的内部领导体制(检察长领导本院检察工作、管理本院行政事务;检察委员会的决定,检察官应当执行)。五是实行检察官独立办案。

致。例如,有的基层检察院多次开展检察机关与行政机关联合执法行动,甚至下发诸如《关于联合开展行政执法监督工作的实施方案》等文件,将其视作对"行政执法行为"之法律监督乃至大力宣传;还有的地方为了缓解公益诉讼"无案可诉"之窘境,与环保行政部门联合开展环保执法行动,以期尽快发出检察建议并取得"办案资格"。这些探索之初衷可鉴,但以检察代替行政的做法,分散了检察机关的有限资源及其工作人员的有限精力,亦背离了对法律监督的基本认知,尤须警惕。应当强调的是,对行政执法行为之法律监督,所指向者主要是针对涉及公民人身、财产权益的行政强制措施,以及行政机关在城建、环保、治安、文化等职能行使方面存在的乱作为、滥作为或者不作为等情形进行的监督,而不是取代行政机关,挺在一线、"自己作为"。

新时代法律监督理念是历史的、具体的,在不同的历史时代和文化背景下有着丰富而特殊的内涵。作为新时代条件下围绕法律监督形成并以整体形式存在的"理念集合体"以及建立、发展检察制度的"基本理论支撑",新时代法律监督理念以其"上位理念"的地位统摄"工作理念""改革理念"等特定方面之理念,进而从理论和实践两个层面系统性回答了新时代应当坚持和发展什么样的法律监督、新时代应当怎样坚持和发展法律监督的根本问题。在此过程中,要尤其注意不得突破我国人大制度根本遵循和现代法治国家基本共识,并始终坚持中国共产党对法律监督工作的领导。在此基础上,要牢牢把握新时代法律监督理念与新时代中国特色社会主义法治理念之间的辩证关系,结合新时代背景和社会实际需要,全面认知其特定的体系、内容和内涵,牢固树立并坚持用其指导和调整我国全部法律监督活动，有序推进我国检察事业建设、检察理论进步和法律监督工作长期稳定发展，在新的历史时期进一步推进我国检察体系和检察能力现代化。

第二章　打造适于直面行政权的检察监督*

随着我国行政公益诉讼制度的建立以及行政诉讼监督制度的完善，检察机关逐步拓展出对行政权进行法律监督的新路径，不断促进行政机关依法行政，协力推进法治政府建设。国家监察体制改革后，最高人民检察院（以下简称最高检）顺应新时代法律监督的发展要求，提出了刑事、民事、行政及公益诉讼“四大检察”总体布局，让检察工作回归法律监督主责主业，更加凸显了行政监督在新的检察职能构架下的重要地位。

制度与实践的变化推动着理论的发展，学术界主要从两个方面入手对行政权检察监督〔1〕的研究。一是行政公益诉讼检察方面。鉴于行政

---

* 本章原载《探索》2020年第6期。

〔1〕 行政权检察监督，意指检察机关对行政权开展的法律监督活动，这是对检察监督活动中所有与行政监督相关的概念之整合。现有理论尚未对此概念形成统一的用词，若仅用“行政监督”不足以体现检察监督的存在，用“行政检察监督”则易与现有的“行政检察”概念相混淆，故本书试用“行政权检察监督”来展开论述。

诉讼学研究的成熟以及早期行政公诉理论探索的积淀，学界在这方面的研究比较深入，并已形成体系化的理论知识构架，内容涵盖诉前程序、诉中工作机制、证据制度等多个范畴，公益诉讼工作的持续推进也为这方面的研究提供了大量实证资源与案例参考。[1] 二是行政检察方面。早期的研究聚焦在行政诉讼监督方面，而且往往与民事诉讼监督研究相结合，但对此做专门研究的并不多见，受到的关注也较少。随着检察改革的深化，这方面的研究开始有所突破，不过相比行政公益诉讼检察研究，行政检察相关的研究可能比较单薄，主要流于理念分析与政策解读。因为学者们对行政检察的概念还存在些许争议，有些研究试图摆脱既有行政诉讼监督的束缚，对诉讼之外的行政执法检察监督进行探索。[2] 此外，还有一些研究涉及检察机关的各项监督职能，比如对法律监督基础理论、检察建议及检察调查核实权等方面的研究。[3]

总的来看，对行政权检察监督的理论研究还不尽周全，行政公益诉讼检察研究与行政检察研究的分隔比较明显，缺乏有机串联，很少有人

---

〔1〕 相关研究可参见黄学贤、王太高：《行政公益诉讼研究》，中国政法大学出版社 2008 年版；王春业：《论检察机关提起行政公益诉讼的“诉前程序”》，载《江汉大学学报（社会科学版）》2018 年第 3 期；章剑生：《论行政公益诉讼的证明责任及其分配》，载《浙江社会科学》2020 年第 1 期。

〔2〕 相关研究可参见杜睿哲、赵潇：《行政执法检察监督：理念、路径与规范》，载《国家行政学院学报》2014 年第 2 期；湛中乐：《三个层面构建科学的行政检察监督体系》，载《人民检察》2015 年第 2 期；傅国云：《论行政执法检察监督》，载《法治研究》2017 年第 4 期。

〔3〕 相关研究可参见张智辉：《论检察机关的调查权》，载《国家检察官学院学报》2006 年第 1 期；万毅、李小东：《权力的边界：检察建议的实证分析》，载《东方法学》2008 年第 1 期；郑贤君：《检察权的人民性：公诉权核心论的宪法学沉思》，载《首都师范大学学报（社会科学版）》2019 年第 2 期。

将所有事关行政监督的检察工作整合到一起而作出全面研判。既有的全面性研究也侧重于从宏观角度论证检察机关监督行政权的必要性和正当性,缺乏细致入微的可行性、实用性研究,对监督权的职能配置、运行规律等方面的认识还有待提升。尽管我们能从法理与规范上推断出检察机关有权监督行政权,但检察机关是否真的胜任并适合这项工作?如果检察机关能力不足,那么一味要求加强对行政权的监督,未免会造成制度空转。反之,如果这只是事物在发展中能够克服的阵痛,那么我们也不可作茧自缚,限制检察监督的发展。进而,是否存在一条行之有效的发展路径,使检察机关直面行政权而施以强有力的监督?这些都是值得研究的重要问题。

一、行政权检察监督的困境

从检察实践中看,行政权检察监督主要分为3类:一是行政检察,其核心是行政诉讼监督,包括裁判结果监督、审判人员违法行为监督和执行监督(含非诉执行监督)。[1] 二是行政公益诉讼检察,检察机关有权在生态环境和资源保护等领域对行政主体进行监督,提起行政公益诉讼。三是参与社会治理提出检察建议的工作,检察机关在办案中发现有关单位不依法及时履职的,可以向其提出改进工作、完善治理的检察建议。不过,相比对刑事侦查权、审判权的监督,检察机关对行政权的监督

〔1〕 张相军:《以行政非诉执行监督为突破口做实行政检察工作》,载《检察日报》2019年5月27日。

还比较生疏,面临不少问题。究其原因,行政权的诸多优势给检察监督带来了不少挑战,而检察监督本身又有一些局限。

(一)当前行政权检察监督面临的主要问题

当前的检察监督无法真正直面行政权,难以对行政管理活动施以直接、全面、有效的监督,具体表现为监督过分依赖诉讼制度、监督碎片化以及监督力量不足这几个问题。

第一,检察监督过分依赖诉讼制度,难以在诉讼制度之外直接监督行政权。目前的行政权检察监督主要来自《行政诉讼法》的赋能,其制度依循行政诉讼而建构,故而检察机关更倾向于借助诉讼渠道开展监督。首先,行政检察主要是对行政诉讼的监督。诉讼监督不可避免地涉及对行政行为的审查,[1]但这实际是因监督诉讼而间接产生的效果,是一种间接监督。诉讼监督必须依附于诉讼,检察机关难以自主为之,若不存在诉讼,监督便无从谈起。虽然诉讼监督可能会涉及对行政主体参与诉讼活动的监督,比如排除其对诉讼的干预,但这里的行政权力更多体现为司法参与属性,而非行政管理属性,因而这种监督很难触及真正的行政权。其次,行政公益诉讼检察实现了对行政权的直接监督,但行政公益诉讼实质是行政诉讼的拓展,这使检察监督不得不受制于诉讼制度。比如,行政公益诉讼检察限于几个法定领域,只能为公益而非私益。纵然在诉前程序中检察机关能够自行监督行政权,但诉前程序依然与公

---

〔1〕 参见最高人民检察院民事行政检察厅编:《〈人民检察院行政诉讼监督规则(试行)〉理解与适用》,中国检察出版社 2016 年版,第 11 页。

益诉讼相绑定。在制度设计上，诉前程序归类于公益诉讼；在检察内部分工中，诉前程序由公益诉讼部门负责。因此，行政公益诉讼的局限一样存在于诉前程序，检察机关很难在诉讼案件范围外有更多作为。

对于在诉讼外拓展行政监督范围的问题，有实务人士持保留意见，指出当前的行政诉讼仍有不少问题，检察机关的诉讼监督任务远未完成。[1] 然而，长远来看，行政权检察监督恐怕不能一直囿于诉讼制度之中。原因在于，首先，行政诉讼严格受限于受案范围、诉讼时效、诉讼程序等诉讼制度，当行政诉讼难于应对某些违法行政行为时，检察监督也可能陷入无法企及的盲区。其次，法律监督是对法律实施的监督，我国宪法并未对法律监督作出明确限定，将法律监督限制在诉讼制度下是不恰当的。[2] 从法律适用的角度看，行政主体对行政管理事务的处理是第一次适用法，而行政诉讼对行政行为的审查是第二次适用法，[3]既然法律监督对法律实施的覆盖包括第二次适用法（诉讼监督），那么也应当包括第一次适用法。最后，在党的十八届四中全会《中共中央关于全面推进依法治国重大问题的决定》（以下简称《决定》）中，关于检察机关督促纠正违法行政行为的表述是与建立公益诉讼制度的表述截然分开的，仅仅借由公益诉讼检察发展对行政权的直接监督，恐怕有失政策本义。因此，行政权检察监督无须言必称诉讼，诉讼只是发挥监督职能的

---

〔1〕 参见张雪樵：《坚持司法为民做实行政检察》，载《人民检察》2019 年第 19 期。

〔2〕 参见秦前红：《两种“法律监督”的概念分野与行政检察监督之归位》，载《东方法学》2018 年第 1 期。

〔3〕 参见姜明安：《行政诉讼法》（第 3 版），北京大学出版社 2016 年版，第 281 页。

一种手段。

第二,检察机关的行政监督工作呈碎片化分布,难以形成全面完整的监督机制。首先,除行政公益诉讼检察外,对行政权的监督现于各类检察工作中。比如在行政检察中,检察机关对行政主体怠于申请行政非诉执行程序的情况予以纠正,是对行政不作为的监督;在刑事检察中,最高检曾在分析涉未成年人犯罪案件基础上,针对校园安全管理薄弱问题向教育部发出检察建议。[1] 其次,行政公益诉讼检察与其他行政监督工作的区分造成行政监督工作的割裂。二者通过诉与非诉的区别牵引出调查取证、检察建议效力等方面的不同,但二者都是对行政权的监督,过分地强调其区分,无助于检察机关凝合自身的行政监督力量。

第三,即使将监督范围限制在少数几个领域,检察机关的力量也十分有限。从客观效果上看,检察机关不易取得被监督者的充分配合。比如在公益诉讼检察中,仍有一些行政主体对检察监督不够重视,直到进入诉讼程序才有所妥协。行政主体对监督工作的配合,主要慑于法院的权威而非检察院的权威。从主观意志上看,检察机关对监督行政权的主观能动性还不够强。有学者发现,检察机关在案件选择上存在趋易避难的倾向,那些处理起来难度较低、影响较小、面临障碍较少、容易取得成效的案件率先成为检察机关的重点突破口。[2]

---

〔1〕 参见张军:《最高人民检察院工作报告》,载新华网,http://www.xinhuanet.com/politics/2019－03/19/c_1124253998.htm? baike。

〔2〕 参见覃慧:《检察机关提起行政公益诉讼的实证考察》,载《行政法学研究》2019年第3期。

以上三个问题是相互关联的。对诉讼制度的依赖导致检察监督难以突破思维定式的窠臼，难以依检察特点对监督活动进行有效整合、充分发挥自身力量，同时监督碎片化致使本来有限的监督力量更难以集中。监督力量不足又令检察监督深深嵌入诉讼制度之中，唯诉讼是举，诉讼制度外的行政监督工作不得不见缝插针地进行，使监督更加碎片化。问题叠加之下，检察监督始终犹抱琵琶半遮面，无法真正直面行政权。

（二）来自行政权的挑战

行政权检察监督的困难从行政管理活动开始的那一刻就产生了。行政行为的公定力、行政判断的优先性和行政活动的单向性使行政权排斥外界的干预。高效行政的价值追求，可能与监督者的公正取向产生冲突，具体来说：

第一，行政行为具有公定力。行政行为一经作出，即对任何人都具有被推定为合法、有效而予以尊重的法律效力。[1] 公定力产生于行政行为成立之时，[2] 在行政行为被改变或撤销之前，公定力是持续存在的。由于检察监督一般出现在行政行为成立之后，所以检察机关总要服从公定力的约束。公定力是一种形式性、程序性的效力，形式效力的有无与行政行为是否在实质上合法正当无关，是一种因推定合法而获得的

---

〔1〕 参见叶必丰：《论行政行为的公定力》，载《法学研究》1997 年第 5 期。

〔2〕 参见江必新、罗英：《论行政决定公定力之起点》，载《湘潭大学学报（哲学社会科学版）》2011 年第 1 期。

效力。[1] 检察监督针对的是行政行为确定的合法性，与推定的公定力其实并不矛盾，故而即使检察机关提出合法性异议，也不能质疑行政行为的公定力。

第二，行政判断具有优先性。对于行政业已判断的事项，我们要谨慎处理对行政行为的正确性评价；对行政尚未判断的事项，则要尊重行政主体的首次判断权，即便是法院也只能在行政主体首次判断后，进行“第二次”审查判断。[2] 行政判断的优先性与以下因素有关：(1)权力皆有界限，监督者专司监督，不能代替行政者做决定。(2)行政具有专业性。行政管理具有高度的复杂性、技术性、专门性，行政主体掌握权威的专业话语权。(3)行政具有裁量性。行政事务形形色色，法律不可能一应俱全，因而赋予行政主体宽泛灵活的裁量权限。(4)行政具有亲历性。行政主体是行政事务的第一处理者，事后的监督未必能完整复盘行政执法的具体情形。行政执法部门也控制了关键信息通道，可以利用信息的筛选或包装，达到难以为监督主体所体察的巧妙屏蔽效果。[3]

第三，行政活动具有单向性。行政行为一般不依赖其他权力的配合，更不需要凭借其他权力运行程序。单向性意味着行政过程是一个相对封闭的过程，即便这一过程排除了监督介入，可能会存在诸多弊病，但行政权的行使依旧可以达成逻辑自洽。所以，当要求这一封闭的系统转

---

〔1〕 参见王雅琴：《再论行政行为的公定力》，载《国家行政学院学报》2015 年第 5 期。

〔2〕 参见黄先雄：《行政首次判断权理论及其适用》，载《行政法学研究》2017 年第 5 期。

〔3〕 参见林越坚、刘青青：《检察机关行政执法监督的法律经济学重述》，载《国家检察官学院学报》2017 年第 5 期。

向开放而接受外部监督时，必然会受到不少阻力。

第四，行政管理追求高效。行政贵在高效，检察监督则不以效率为先，而更追求法律实施的公平公正。为避免影响行政效率，检察监督一般选择在事后进行。但过度追求高效的行政可能会忽视其他价值，甚至造成难以挽回的损失，检察监督却只能提供"迟到的"正义。

（三）检察监督的局限

面对行政权，检察监督又存在某些局限，使其难以如监察或审判那般发挥切实有效的监督力量。这种局限突出表现为检察权威不足：检察机关缺少实体处分权和强制手段，难以形成对行政主体的强制性权威，而行政权对其信任不足又使其难以构建起自觉性权威，使行政主体自觉服从检察监督，具体来说：

第一，检察监督缺乏实体处分权和强制性措施。检察权与其他监督权的最大不同在于，它没有实体处分权，只有程序处分权，缺乏可靠的刚性支撑。[1] 其他国家机关皆拥有实体处分权，可以直接或间接克制行政行为公定力和行政判断优先性的挑战。比如，权力机关有权撤销违法或不适当的行政决定和命令；监察机关有权对行政公职人员作出政务处分；审判机关拥有对行政案件的裁判权。这些国家机关还有采取强制性措施的权力。比如，法院有权采取保全措施，监察机关有权留置被调查人。

然而，检察机关虽能够决定监督程序的启动，却不能作出实体处分。

---

〔1〕 参见贺恒扬：《我国检察权的基本特征》，载《国家检察官学院学报》2008 年第 3 期。

按《人民检察院组织法》第 21 条规定，法律监督的途径是“进行调查核实，依法提出纠正意见、检察建议等”，被监督者的义务是予以配合并及时回复。被监督者服从的是法律监督的程序，而非检察建议的具体内容，被监督者不需要完全听从检察机关对其行为的主张。本质上，检察监督不是要求被监督者必须按照监督者的意志纠正错误，而是要求其必须重视监督者的意见，重新审视自己的行为。[1] 同时，检察机关也无法采取强制性措施。根据《人民检察院检察建议工作规定》第 14 条，检察机关在进行调查核实时，不得采取限制人身自由和查封、扣押、冻结财产等强制性措施。而对相关主体法律义务的设定也不代表检察机关有强制权。虽然检察机关履行职务是一种执行公务行为，被监督对象拒不配合时，得以妨害公务追究其法律责任，[2] 但这是一种被动触发的措施，强制性措施应是一种主动做出的行为，二者不可同语。此外，参照行政调查权理论，组织法上的概括授权仅能成立任意性调查，强制性调查必须有法律的具体授权，[3] 因而检察机关的调查核实工作终归是一种任意性调查而非强制性调查。

第二，检察监督缺乏行政权的信任。检察机关比之审判机关的一个劣势，在于前者更难赢得行政权的信任。这种信任有助于打破行政活动单向性的壁垒，使行政主体更愿意接受监督。审判机关能够赢得行政权

---

〔1〕 参见张智辉：《法律监督三辨析》，载《中国法学》2003 年第 5 期。

〔2〕 参见万毅：《〈人民检察院组织法〉第 21 条之法理分析》，载《国家检察官学院学报》2019 年第 1 期。

〔3〕 参见汤俪瑾：《论行政调查权的授予》，载《行政法学研究》2012 年第 4 期。

的信任,关键在于行政主体对审判客观性的认可。行政争议的产生与法院无关,法院是以独立第三方的身份来化解两造的纷争。在法院裁判之前,法院对行政行为是否合法的态度是不确定的,没有表露出对行政主体的不信任。诉讼程序也是一个开放的过程,允许行政主体参与其中,为自己辩护。此外,行政主体败诉的可能性也较低,据统计,2018 年全国各级行政机关应诉一审行政案件败诉率约为 14.7%。[1] 因而行政主体有理由相信法院是客观的,进而建立起对法院的信任,更愿意配合法院的监督工作。

相反,行政主体不一定认可检察监督的客观性。检察机关以提出问题的角色出现,与行政主体之间存在对立关系。检察监督的主动性与纠错性质透露出对行政主体的不完全信任,难免会引发行政主体的抵触心理。[2] 尤其在触及行政裁量权时,检察机关很可能对行政权持否定性意见,因为假若检察机关认可行政裁量,那么检察介入的层次可能仅止于形式化的过问。[3] 再者,检察监督从始至终主要由检察机关一手操办,行政主体难以像诉讼那样参与其中。因此,行政主体很难建立起对检察机关的信任,也没有积极性去争取检察机关对自己的认同,进而可能回避甚至抵制检察监督。

---

〔1〕 参见李万祥:《去年全国共办理行政复议案件 25.7 万件》,载中国经济网,http://www.ce.cn/xwzx/gnsz/gdxw/201903/27/t20190327_31747207.shtml。

〔2〕 参见韩志明:《监督权的内在贫困及其理论建构》,载《中共福建省委党校学报》2009 年第 8 期。

〔3〕 参见关保英:《行政公益诉讼中检察介入行政裁量权研究》,载《现代法学》2020 年第 1 期。

二、行政权检察监督的潜在优势

虽然检察监督在面对行政权时存在一些短板，但仍有一些潜在优势，为提升监督的能力与适应性创造了可能。检察监督的优势首要在于其独立性，这划清了监督者与被监督者之界限，为监督的展开确立了基本前提。检察监督具备客观性和自主性优势，拥有法律方面的专业本领，能够补强既有的行政监督体系，因而为其直面行政权提供了可靠保障。

（一）独立行使检察监督权

我国《宪法》第136条规定："人民检察院依照法律规定独立行使检察权。"独立性是我国检察权的基本特征，是保障检察监督公正有效的根本前提，更是奠定检察监督客观自主、构建检察权威地位的基石。独立性分为以下两个方面：

一方面是外部独立，主要体现在检察机关独立于其他主体，包括机构的独立和权力行使的独立。外部独立是检察系统的集体独立，为检察权的外部边界筑起一道不可逾越的护城河，保证检察职权行使的完整、稳定。外部独立仅有的例外在于不能独立于党和权力机关，要接受党的领导和人民代表大会的监督。

另一方面是内部独立，主要体现在检察各主体间的独立和内部分工的独立上：(1)检察各主体间的独立包括检察官的独立与各检察机关的独立。其中，检察机关实行检察官办案责任制，要求突出检察官在办案中的主体地位，这给予检察官一定的权限，有权提出自己的独立意见。[1] 但是检察各主体间的独立是有限制的,“检察一体”要求建立“上命下从”的领导关系,上级检察院领导下级检察院的工作,检察长领导检察官的工作。[2] (2)内部分工的独立。检察机关内设多个部门分工行使检察职权,比如,诉讼监督职能与公诉职能相分离,分由不同的部门行使,以防止监督失效。[3] 但这种分工独立是有限的,无论由哪个部门负责具体工作,最终都是以检察机关的名义对外统一行使检察权。因此,与外部独立相比,内部独立更具有相对性,有一定的限制,可能会因情势的变化而变化,但不管作出何种限制,最终都是为了更好地实现检察权的独立行使。

外部独立与内部独立相结合,使检察机关既能利用内部分工提升职权行使的专业和效率,保证法律监督的公正无私,又能够通过“检察一体”充分调配自身资源,形成“以检察机关为统一的执法主体和命运共同体”,[4] 为监督行政权汇聚更强有力的集体力量。

(二)客观行使检察监督权

检察监督具有客观性,是指检察机关在态度上不偏不倚,对某事物的判断不受自身好恶或外界干扰影响。《检察官法》第5条规定,检察官履行职责应当秉持客观公正的立场。检察监督者必须平等对待各方,避

---

〔1〕 参见朱孝清:《检察官相对独立论》,载《法学研究》2015年第1期。

〔2〕 参见谢鹏程:《论检察官独立与检察一体》,载《法学杂志》2003年第3期。

〔3〕 参见汪建成、王一鸣:《检察职能与检察机关内设机构改革》,载《国家检察官学院学报》2015年第1期。

〔4〕 参见龙宗智:《论依法独立行使检察权》,载《中国刑事法杂志》2002年第1期。

免偏听偏信,全面调查事实真相,不偏袒、公正地采取行动。[1] 虽然行政主体未必认同检察监督的客观性,但这不妨碍这种客观性的存在。检察监督之所以客观,原因有三:(1)保证监督的正当性。检察机关的法律监督是对法律实施的监督,监督者要严格区别于实施者,必须先从意志上同实施者相分离,保持客观公正,否则便如同参与到法律实施当中,监督的正当性不复存在。(2)检察的非自利性克制了自身好恶。检察监督外在于法律实施,与法律实施不发生任何利害关系,排除了自我利益对自身观念的影响。(3)检察监督的独立性克制了外界干扰。检察的外在独立排斥了其他主体对其思维的干涉,内部的相对独立则使检察官的独立思维得以保持,思维的独立有助于客观的思考。

客观的态度说明监督者与被监督者的关系不是一种绝对对抗关系,双方的矛盾可以得到缓和。监督者与被监督者的争议起于监督者对行政行为涉嫌违法的质疑,单方面的质疑看似有一定的倾向性,但客观的态度能够排除对监督公正性的疑虑,即一方面能够驱除无关因素的干扰,使检察监督将目标集中于行政问题本身;另一方面可以使检察机关充分吸收各方信息,全面审视行政行为的合法性。申言之,检察机关的身份是法律守护者,法律监督的最终目的是保障法律的统一正确实施,而不是抗衡行政权或追究行政主体的责任。客观的态度使监督者平等对待各方,并聚焦于行政问题的解决,而不是与行政主体相对抗。因此,

---

〔1〕 参见谢佑平、万毅:《检察官当事人化与客观公正义务——对我国检察制度改革的一点反思》,载《人民检察》2002年第5期。

真正的矛盾在于检察监督与违法行政行为之间以及合法与违法之间,而非监督者与被监督者之间,只要违法行政行为得以纠正,争议自然消解。

（三）自主行使检察监督权

检察监督具有自主性,是指检察机关在行动上不等不靠,既能主动对行政权进行监督,也不需要完全依赖外部的响应,包括主动性和自立性两方面。一是主动性的一面。与消极被动的审判机关不同,检察机关在监督中主要扮演"推手"的角色,是监督程序的启动者,往往需要更加积极地行动,例如作为起诉人提起行政公益诉讼,将行政问题交由法院处置。二是自立性的一面。检察监督自成一系,不受外部支配,也不完全依靠外部的支持。检察机关对监督程序的运作、行政合法性的评价都是依自己的判断进行,检察监督不以当事人的申请为程序启动的条件,也不必等到行政活动结束才启动。检察监督从开始到结束,很多时候也不需要历经诉讼、监察等外部工作程序,只需要遵从检察制度的自身安排。

自主性使检察机关得以充分发挥主观能动性,自由灵活地监督行政权。一方面,检察机关有权自主设计监督制度,主导监督工作,使监督活动更有利于检察职能的发挥。另一方面,检察机关可以更加灵活有效地开展监督,充分利用各种有利资源,拓展更为柔和的监督手段,获得行政主体的支持和认可。

（四）检察监督的法律专业性

检察机关的法律监督具有浓郁的法律色彩。检察机关以法律人之视角,以专业的法律资源配给,分析解决行政法律问题,提出专业法律意见。检察监督的过程就是检察机关就法律适用问题,对具体案件作出法律评价的过程。在国家机关中,唯有司法机关有权发表对具体案件法律适用的意见,这使检察机关拥有许多主体难以企及的法律话语权威。与法院不同的是,不告不理制度使法院不能在事前对个案作出法律评价,检察机关则可以主动提出。

法律本身的特点也融入检察监督之中。检察监督主要考察的是法律因素,与经济、政治、文化等其他因素相比,法律因素最大的特点是可预测和稳定性。法律是事前定下的客观标准,人们可以根据法律对未来的行为活动作出选择,法律也在一段时间内保持不变。因此,检察监督也具有可预测和稳定性的特点。这既为检察监督指明了标准和方向,有助于提高监督效率,又限制了监督权限与范围,防止监督权的恣意妄为。同时,这也为行政主体提供了一个可测量的标准,使其依据法律标准调整行政活动、配合检察监督,以免遭检察机关的非难。

(五)检察监督的补强功能

法律监督以保障宪法与法律统一正确实施为价值追求,其监督范围理应涵盖法律实施全过程。法律实施关涉行政、司法等方方面面,理论上法律监督存在广泛监督的可能。检察监督的自主性也给予法律监督巨大的张力,只要是法律实施活动存在的地方,就是法律监督可以覆盖的地方。虽然在行政监督领域,我国已构建起以监察监督为主导的全面监督体系,吸纳了人大、监察委员会、法院等多方面的监督力量,但检察机关的法律监督仍然不可或缺,起到补强监督体系的关键作用。检察监督可以弥补人大监督在具体性、微观性、日常性上的短板;能够突破行政诉讼制度的固有限制,及时主动介入行政问题,将监督领域扩展至诉讼之外的广大行政活动。

检察监督亦能弥补监察监督的不足,具体表现为:(1)在监督对象上,监察监督以公职人员为对象,通过对个人行为的约束间接监督行政,但行政行为是一种组织行为而非个人行为,对个人行为的监督未必能完全作用于行政行为,而检察监督以行政管理活动为索引,将监督对象直指行政主体,可以填补组织行为监督的真空。(2)在监督内容上,监察监督主要考察公职人员的合法性、称职性,但一些行政问题并非出于公职人员的违法或失职,可能是公职人员能力不足、行政行为所依据的规范违反上位法等原因造成的,对公职人员的监督未必能收获成效。而检察监督以行政合法性为监督内容,强化了对行政权的法律约束。(3)在监督效果上,监察监督重在追究违法失职人员的责任,而容易忽视对违法行政行为的纠正,在某些追责程序完成之后,法益可能仍受侵害、违法行为可能仍然存在,而检察监督着重对违法行政行为的纠正,与监察监督的责任追究相配合,更有助于彻底解决行政问题、全面保护受损法益。综上,检察监督可以弥补既有行政监督体系的缺陷,强化监督力量。

三、检察监督直面行政权的优化方法

既然检察监督具有直面行政权的潜能,那便可以通过一定的路径与方法,将其潜在优势转化为显性优势。优化检察监督的目标是使行政主体配合监督工作,甚至能主动邀请检察机关介入监督,充分考虑、接纳检察建议。达成这一目标的路径有两条,一是加强检察监督的权威,促使行政主体自觉或不自觉地服从,二是加强检察机关与行政主体的合作,使行政主体能优先接受检察监督。打通这两条路径的方法在于扬长补短,充分发挥检察监督的优势,回应行政权带来的挑战。

(一)强化独立行使检察监督

独立性是检察监督优势的基点,优化行政权检察监督首先要强化独立性,主要表现为以下两方面:

一是强化积极的独立。独立有消极和积极之分,实践中往往重视消极的独立而忽视了积极的独立。消极独立是指排除他人的干涉,使自己免于被强迫的服从;积极独立是指注重依靠自己的力量,排除对他人的依赖或附和,使自己免于主动的服从。在监督行政权时,检察机关既要摈斥行政主体的干涉,也要坚持对监督活动的把控,以免沦为行政主体的附庸。为促成行政问题的解决,检察机关密切与行政主体的工作联系,本无可厚非,但检察机关应时刻保持独立,注意自己的监督职责所在,在与同级政府沟通时不宜以下对上的汇报形式,检察调查工作也不宜面面俱到,以免代行行政职责。值得警醒的是,监督者如过分在意被监督者的配合,容易丧失自身的独立地位,沦为被监督者治下的一个内部监督部门。同样,在内部独立方面,检察机关要赋予检察官更多独立办案的权限,充分提高检察官独立办案的能力,积极发挥检察官的主观能动性。

二是强化检察制度。当前的检察监督依赖于诉讼制度的供给,诉讼制度以审判为中心,由此构建的一系列检察监督制度也会紧紧围绕甚至依附于审判制度。例如,将行政检察限制在诉讼审判监督之中,可能造成检察监督管辖制度的错位。纵令如此,检察不同于审判,检察机关应适当放下为诉讼制度服务的执拗,摆脱诉讼制度思维的束缚,坚持独立自主的检察监督发展模式,从自身角度出发建构适于检察监督的制度。

(二)充分利用外部力量

即便从立法上赋予检察机关以实体处分权,也会遇到不少障碍。这是因为,检察机关作出的实体处分不一定准确,况且对一些专业行政问题,监督者和被监督者之间可能还有不同理解,当被监督者对处分持有异议时,就需要通过一定的渠道进行救济。假如这种处分被设定为不可救济、终局的,那么检察机关无疑褫夺了其他国家机关本该享有的实体处分权。如果实体处分可以被推翻,则意味着要突破现有的理论构建与制度设计予以回应。如以司法程序解决,便会出现以行政主体为原告、检察机关为被告的“逆向行政诉讼”程序;如以非司法程序解决,确立一个法院之外的终局裁决者,又可能会影响现行的权力配置体系。鉴于此,我们还可以考虑另一种思路,就是让检察机关充分利用其他主体的实体处分权。

检察监督必须坚持独立自主,但这不意味着检察监督就此脱离了行政监督体系。我们仍需将其置于行政监督体系之中通盘考虑,以提升检察监督效果、强化行政监督体系为目标,系统整合各项监督活动,取其他监督之长,补检察监督之短。检察机关对其他实体处分权的利用可分为两种形式:一是保持其他主体介入的可能性,形成对行政主体的威慑;二是实际引入其他主体,形成多方主体对行政权的监督活动。具体而言,检察监督可以利用法院的裁判权,比如在行政公益诉讼的诉前程序中,检察机关以提起诉讼为威慑,要求行政主体配合监督,当威慑失效时,检察机关及时启动诉讼程序,引入法院的监督。检察监督也可以利用监察权,时刻关注行政问题和监督过程中可能发生的职务违法犯罪活动而形成对行政主体的双重监督压力,一旦发现确有公职人员违法,便及时引入监察监督。

(三)传递有利于监督的必要可靠信号

根据目的合乎理性的行为理论,当事者依据对外界的预期作出相应的行为,[1]预期是当事者根据所掌握的信息作出的判断。但检察机关与行政主体相互独立,存在信息不对称的情形,行政主体难以获取某些监督信息而形成对未来监督工作的预判。根据信号传递理论,[2]检察机关可以向行政主体释放有利于监督的必要可靠信号,使其产生合理预期,进而选择与检察机关合作或服从检察监督工作。

检察机关首先要传递促进合作的信号。合作基于当事者对未来利益的可期,被监督者的利益是得到监督者对其行为的肯定,免遭责罚。当然,监督者不可能一开始就允诺作出肯定评价,但可以给予被监督者自证清白的机会,使其有可能摆脱违法嫌疑。这里的关键是促成行政主体对检察监督客观性的确信。具体来说,一是在监督结论形成之前避免透露检察机关的倾向性意见。检察机关不宜过早地向行政主体施压,尤

---

〔1〕 参见[德]马克斯·韦伯:《经济与社会》(上卷),林荣远译,商务印书馆1997年版,第56页。

〔2〕 参见王彬:《信号传递、彩礼习惯与法律边界——一个法律经济学的分析》,载《政治与法律》2013年第9期。

其在向行政主体调查核实时,要防止将客观性的询问演变成倾向性的质疑。检察机关形成确凿结论前,可就有关行政问题提醒行政主体,但非直接督促其履职。二是将监督工作过程开放化,给予行政主体更多辩护机会。检察机关可以适当将监督工作准司法化,利用听证、座谈等方式让行政主体参与到监督过程中,认真考虑行政主体的主张并积极予以反馈,塑造检察机关客观公正的形象。对于监督难度较高、问题较多的案件,检察机关应突出监督工作的阶段性,在监督初期可提醒行政主体自查自纠,解决大部分行政问题,后期再逐步加强对行政权的审查力度。

不过,倘若行政主体确信其行为违法,只会回避与检察机关的合作,以免曝光违法信息,招致责难。因此,必须有服从信号的输入,迫使行政主体形成对不利益的切实感知,服从检察机关的监督安排。具体来说,一是使行政主体意识到不利益的客观存在。比如对于提起行政公益诉讼的威慑,其前提是有关问题处在公益诉讼案件范围内,而且行政主体大概率会败诉,或者面临更多不定因素。这要求检察机关要有针对性地收集确凿证据,适时向行政主体展示,营造行政方败诉的危机感。二是检察机关可以通过设置回复时限、履职时限、起诉时限等办法,加强监督工作的紧迫感,迫使行政主体尽早接受监督。检察机关也要及时兑现时限期满的不利后果,当行政主体拒绝履职时,立即采取下一步行动。此外,检察机关还可以联立上述两种信号传递方法,使行政主体同时意识到合作能获得利益、而不服从会产生不利后果。例如,设置一种奖惩措施,对于合作的行为给予奖励,对不服从的行为处以惩罚。

（四）加强检察监督

不可否认，行政权在专业判断、公定力等方面具有优势，检察监督未必有足够的能量正面应付，因而需要另辟蹊径。

第一，强化检察监督的法律专业性。鉴于行政判断的优先性，检察机关应对行政判断给予足够的重视，但也要发挥法律专业性的优势，将行政判断束缚在合法性标准之下，构建检察监督的法律权威。如上所述，行政判断的优先性主要根源于行政的专业性、裁量性、亲历性。鉴于此，检察监督可以以下三个方面强化法律专业性：(1)对于行政专业性的挑战，检察监督可抓住合法性标准。评价行政行为正确与否，固然离不开许多复杂的行政技术问题，但合法性始终是法治政府行政的首要准则。合法性标准执行排中律，只有合法与违法的评价结论，不存在任何中间地带，回避了行政专业上的主观价值判断问题，简单实用且一以贯之。(2)对于行政裁量性的挑战，检察监督以形式合法为主要的评价标准，逐步拓展对合法性标准的理解，审慎评价行政裁量行为的实质合法性，重点关注裁量行为违反法律原则、公共道德等原则性问题的情况。[1] 在此，检察机关需要提升对合法性标准评价的判断能力。(3)检察监督以法律事实解释客观事实，提升对法律事实的调查与建构能力，将行政亲历的客观事实置换为可供事后反复查验的法律事实。此外，提升检察机关在合法性评价的话语权，还能形成自觉性权威，输出影响力，使行政主体意识到检察建议的科学之处，从而主动配合监督工作。

---

〔1〕 参见何海波：《论行政行为“明显不当”》，载《法学研究》2016 年第 3 期。

第二,对重大行政管理活动开展预防性监督。鉴于行政行为的公定力,事后的检察监督不能任意否定行政行为的效力,但如果开展事前或事中监督,即在行政行为成立之前便介入监督,就能回避公定力的影响。这也是对行政活动单向性的突破,使行政过程更趋于开放。当然,检察机关不可能时时处处紧盯行政主体,预防性监督必须有选择地进行,主要选取那些社会影响较大、事关多数人利益或巨额财产权益的行政管理活动,比如城市更新项目、重大投资项目环评审批等。检察机关可以会同相应的行政主体,向行政部门或现场项目组派驻检察官,指导行政管理的合法运作。

(五)满足行政权的合理需求

检察机关应当从促进依法行政的高度进行监督,而不是简单地制衡、约束行政权。有学者评价,行政公益诉讼的目的在于"共治"而非"胜诉",[1]这同样适用于其他行政监督工作。因此,检察机关应充分考虑行政权的合理需求,努力让行政主体理解、配合监督工作,践行"双赢多赢共赢"新理念,具体而言:

第一,促进检察监督的高效化。检察机关既要保证监督的公正性,也要兼顾效率在监督中的作用,契合行政主体对效率的追求。检察机关可以发挥自主性优势,主导监督程序,提高监督效率,控制好监督工作对正常行政管理活动的扰动。监督高效化有助于引导行政主体的配合。

---

[1] 参见张亮:《行政公益诉讼中不作为行为的判断与诉请》,载《兰州学刊》2020年第2期。

比如,行政诉讼可能给行政管理活动带来诸多不确定性,诉讼结果未知,早已作出的行政行为仍有可能被撤销、改变或被认定为无效,为未来的行政活动添加更多不稳定因素。而且,诉讼会分散行政主体的注意力,降低整体行政效率。所以,当检察机关施以更高效的监督手段,提供更快速的解决方案时,行政主体可能倾向于接受检察机关的意见建议,而不是将问题带入诉讼程序。

第二,提升检察监督的柔和度。检察机关不应针锋相对地给行政主体"挖坑""挑毛病",而应尊重行政主体在行政管理活动中的主导地位,正视行政专业判断的优势,缓和与行政主体的对抗性。具体来说:(1)给予行政主体更多自我纠错的机会。行政管理工作纷繁复杂,难免会出现一些差错,导致行政行为违法,这些差错未必能归咎于故意或过失,若一味地施以严格的监管和追责,有可能打击行政执法的积极性。所以,检察机关可以考虑给予行政主体更多自我整改的空间。比如在行政公益诉讼起诉前,检察机关通过检察建议提醒、督促行政主体,正是为了让行政主体有机会自我纠错。此外,就行政主体而言,自我纠错表面上是一种机会,实质上是令其承担新的职责,行政主体如放弃这种机会则会构成新的不作为,这种自我纠错的机会起到将行政违法转化为行政不作为的作用,[1]进而有助于检察机关明确违法责任的归咎,实施进一步的监督程序。(2)在合法前提下允许向行政主体作出让步。如果有

〔1〕 参见胡卫列、迟晓燕:《从试点情况看行政公益诉讼诉前程序》,载《国家检察官学院学报》2017年第2期。

助于监督目的的达成，在符合法律的前提下，检察机关不妨接受行政主体的合理抗辩，允许行政主体延缓履职期限、变通履职方式等。让步的事项一般在行政裁量范围内，因为这类行政活动需要考量诸多法外因素，包括行政主体的能力限制、公众的情感诉求等。(3)提出富有可行性、建设性的检察建议。为提高行政主体对检察建议的认可度，检察机关不单要注意建议的合法性、说理性，也要关注建议的可行性与建设性。检察监督不止于纠正行政的过错，还要积极促成问题的圆满解决。在监督结束后，检察机关可在力所能及的情况下，深入研究违法问题暴露出的制度缺陷，提出完善对策。有学者指出，检察建议的魅力在于持久的关注，而不是短期立竿见影的效果。[1] 检察机关站在更高的角度审视行政问题，会起到“办理一案、治理一片”的社会治理效果。

四、完善检察监督的制度设想

打造适于直面行政权的检察监督，除了要在方法上改善监督工作，还要在制度设计上作出一定的调整和创新，将检察监督的制胜优势上升为长期管用的制度优势。笔者试从监督职能布局、监督管辖制度、监督简易程序、与行政主体的互动机制以及监督评价机制等几个方面提出一些设想。

(一)适当重塑行政权检察监督的职能布局

当前的行政权检察监督围绕诉讼制度，构成了行政检察和行政公益

[1] 参见姚岳绒：《监察体制改革中检察院宪法地位之审视》，载《中国政法大学学报》2018年第1期。

诉讼检察的基本框架,但未来检察监督应逐步走出诉讼制度下的格局,适当重塑其职能布局。

行政权检察监督首先应分离出诉讼之外的行政监督。这种行政监督应当先对检察机关在诉讼外的所有行政监督工作进行整合,包括行政公益诉讼诉前程序、参与社会治理提出检察建议的工作等,并对监督范围作出适当拓展,以便涵盖行政管理的重要领域。其中,尤其应赋予诉前程序以独立地位,因为诉前程序不是非要与“诉”勾连,这实质是检察机关向行政主体行使请求权的过程,而提起公益诉讼则属于这种请求权在诉讼过程中的延伸,只是转化为要求法院裁判的诉讼请求。[1] 另外,在区分诉前程序与其他行政监督程序上,应主要依其保护的法益性质而定,保护公益的适用诉前程序,保护合法私益的适用其他程序,这涉及后续检察机关对诉讼手段的不同运用。不过,这种区分仅是为了工作程序的便利化,检察机关仍应积极整合各种行政监督程序,在检察体系内部形成统一的行政监督力量。

适当的重塑不是彻底的重建,我们仍需重视诉讼在权力监督上的价值。检察机关在诉讼外的行政监督可以依法转化为诉讼内的监督。这种监督根据检察机关在监督中的站位不同,又可分为行政诉讼监督、提起行政公益诉讼、支持起诉三类:(1)行政诉讼监督是检察机关不支持任何一方利益,只针对诉讼活动的监督,可以同时与提起公益诉讼或支

〔1〕 参见沈岿:《检察机关在行政公益诉讼中的请求权和政治责任》,载《中国法律评论》2017 年第 5 期。

持起诉的工作并存。(2)提起行政公益诉讼是检察机关为支持公益而作出的监督,是剥离了诉前程序之后的行政公益诉讼检察。(3)支持起诉是检察机关为支持特定行政相对人的合法权益而作出的监督。虽然《行政诉讼法》没有明确支持起诉的规则,但作为母本的《民事诉讼法》规定机关可以支持受损害的单位或个人起诉,而实践中也不乏检察机关支持行政相对人起诉的案例。总之,行政权检察监督应实现诉讼内外的相对分离,并能与诉讼制度相衔接。当违法行政行为侵害公益时,行政监督可转入提起行政公益诉讼的工作;当违法行政行为侵害合法私益时,行政监督可以支持起诉的方式进行。检察监督还可以诉讼监督的方式为行政诉讼的公正合法保驾护航。

(二)调整监督管辖制度

检察监督管辖规则依赖行政诉讼管辖规则,容易造成监督者与被监督者之间级别的不对等。根据《行政诉讼法》第 14 条、第 15 条的规定,基层法院管辖一审行政案件,但对国务院部门或者县级以上地方政府所作的行政行为提起诉讼的案件由中级人民法院管辖。这意味着,以省级政府工作部门、地市级政府工作部门、乡镇政府为被告的案件,一般由基层法院管辖。为了与审判级别管辖规则相吻合,《检察机关行政公益诉讼案件办案指南(试行)》规定,检察机关提起行政公益诉讼的案件(包括诉前程序),一般由被告行政机关所在地的基层检察院管辖;被告行政机关是县级以上政府的案件,由市(分、州)检察院管辖。这虽然保证了法检级别的相对应,却极易造成监督的检察院与被监督的行政主体之间级别的不对等。最极端的情况便是由一个基层检察院负责对省级政府工作部门的公益诉讼检察工作,由此产生的监督困难可想而知。另外,行政诉讼监督也有相同的问题。根据《人民检察院行政诉讼监督规则(试行)》第34条,由办理行政诉讼监督案件的检察院负责监督相应的行政机关。由于开展诉讼监督的检察机关主要是案件审理法院所在地的同级检察院,所以在对行政主体的诉讼监督中,同样会出现监督者与被监督者级别不对等的情况。

就行政诉讼中可能存在的级别不对等问题,有学者认为,这不但让法院的审理举步维艰,还会出现逻辑上的"倒挂"现象。[1] 随着近年来司法机关人财物"省级统管"、行政案件集中管辖等改革的推进,法院的独立性已明显增强,实践中由基层法院审理上级政府工作部门的案件亦不在少数。况且,法院的审判权是可以作出实体处分、终结法律争议的权力,理论上不必担忧因级别不对等而受到限制。然而,检察机关只执有程序处分权,对行政权的制约颇为有限,监督实效更有赖于法院在实体处分上的配合,其面临的困难远大于法院。

因此,检察机关在监督行政权时,需要适当摆脱诉讼管辖制度的束缚,设计适于检察监督的管辖规则。在诉讼之外的场合,包括行政公益诉讼诉前程序阶段,应尽可能保证监督者与被监督者的级别对等(或是监督者的级别高于被监督者)。尤其在与行政主体发生直接接触的情形下,比如在调查核实或提出检察建议的环节,最好由同级的检察院负责。

---

〔1〕 参见沈福俊:《基层法院行政诉讼管辖制度改革论析——〈行政诉讼法修正案(草案)〉相关内容分析》,载《东方法学》2014年第2期。

对行政主体开展诉讼监督时，也应结合违法的性质程度、监督难度等因素，利用好移转管辖、指定管辖等规则确定合适的监督者，而不是一味由审理法院的同级检察院进行监督。除了级别上的对等，还可以结合行政诉讼集中管辖制度，将监督行政权的职权集中授予某个检察院，以免受行政主体的干扰。

当然，新的管辖规则也要考虑行政诉讼的特点，在提起行政公益诉讼、对审判活动开展诉讼监督时，监督工作应转由符合诉讼管辖制度的检察院负责。尽管这可能会造成行政公益诉讼起诉人与诉前程序办案人、对审判活动的诉讼监督者与对行政主体的诉讼监督者不一致的情形，但若检察机关发挥好“检察一体”的组织优势，上下级检察机关有机串联、一致行动，便能确保有关工作的连续性、稳定性。

（三）设置监督简易程序

当前，检察系统内部对监督工作的规定颇为复杂，具体表现在：一是审批程序较为严格，不少工作都需要报请检察长或检察委员会决定。比如《人民检察院检察建议工作规定》第 13 条、第 15 条规定，检察官在履行职责中发现有应当提出检察建议情形的，应当报经检察长决定，才能启动调查程序；需要提出检察建议的，应当由检察长或检察委员会作出决定。又如《检察机关行政公益诉讼案件办案指南（试行）》规定，行政公益诉讼诉前程序的立案、处理意见要报请检察长或检察委员会决定。二是工作标准要求较高，尤其在调查取证方面尽量向诉讼标准看齐。比如，检察机关一般会在公益诉讼诉前程序中完成全部调查工作，一旦行政主体拒绝履职，检察机关便可径直提起诉讼，这意味着检察机关在未知是否需要提起诉讼的情况下，就必须对照行政诉讼的要求，以较高的证明标准收集证据。然而，实践中真正需要提起公益诉讼的案件少之又少，是否需要将行政诉讼的要求不加变通地套用到诉前程序上，便值得商榷。

固然，监督工作的严要求高标准体现了检察机关谨慎负责的态度，但过度的自制未必有助于有效发挥监督职能，还会制造不少无用功。有学者认为，大多数行政问题是行政机关相关人员的一时疏忽或侥幸心理所致，不是一种故意行为，即便检察建议不作具体列举，行政机关也基本知晓原委，因此，一个简明扼要的检察建议就足以起到督促作用。[1] 有学者将检察建议分为两类：一类是在行政机关发现并处理违法行为之前发出的检察建议，旨在提醒行政部门及时履职；另一类是行政公益诉讼诉前检察建议。[2]

检察机关可以尝试设置简易程序，授予检察官更多监督权限。简易程序适用于监督难度较低的案件，包括案情简单、问题容易理清的案件，容易取得行政主体配合的案件，等等。在发现问题线索之后，检察官可以自行立案调查，无须报检察长批准（或向检察长备案即可）。调查取证无须拘泥于行政诉讼的要求，对问题进行初步了解后，检察官可以口头或简单的书面形式，提醒或询问行政主体。如果行政主体及时纠正违法行为，或对其行为作出合法合理的解释，检察官就可以自行结束监督

〔1〕 参见王春业：《行政公益诉讼"诉前程序"检视》，载《社会科学》2018 年第 6 期。

〔2〕 参见陈晓景：《新时期检察环境公益诉讼发展定位及优化进路》，载《政法论丛》2019 年第 6 期。

工作。如果行政主体拒绝接受监督,或者在初步调查后发现案情疑难复杂或案件性质严重,检察官应当启动常规的办案流程,报请检察长正式立案,开展严格的调查取证工作。总之,通过设置简易程序,检察机关能有效节约检察资源,提高监督效率,还可以及时与行政主体沟通协调,取得其信任和配合。

(四)创新与行政主体的互动机制

除检察建议外,检察机关还可以通过调查函、约谈、联席会议、听证等多种形式,加强与行政主体的沟通互动。具体来说:(1)向行政主体发送调查函。调查函旨在向行政主体获取案件信息,并可以间接表达检察机关的疑虑,促请其自省自查。行政主体对调查函的回复除了可以提供案件信息外,还可以解释其行为的合法性,表明对行政问题和检察监督的态度。另外,行政主体的书面回复固定了其所提供信息的真实性、完整性责任,可以作为案件调查的重要信息。假如事实有悖于行政主体的说辞,检察机关便可将之作为评判行政主体违法主观恶性、抗拒监督的重要证据。调查函是一种灵活的调查工具,不同于检察建议,不是检察机关对案件处理的意思表达,检察机关可以设置较为轻便的程序,选择在监督初期致函行政主体。(2)约谈行政主体。通过约见行政主体有关负责人进行面对面谈话,检察机关能够获取行政案件信息、了解行政主体意图,提醒警示行政主体,并加强双方的工作协调、共同解决行政问题。(3)召开联席会议。联席会议由检察机关、被监督的行政主体与体制内的其他主体共同参与,借此可以引入更多监督力量。会议吸收的其他主体既可以是对行政主体有监督领导关系的单位,比如行政主体的上级部门,同级的党委、人大、政府、纪检监察机关等,也可以是与涉案事务相关的单位,比如同级的政府部门、党委工作部门、人民团体等。不过,必须谨慎对待法院的列入,以免使其过早涉及行政案件的评判,影响司法的公平公正。(4)组织听证程序。针对一些重大、疑难、复杂的案件,检察机关可以组织当事人进行听证。听证的具体形式取决于其目的。有学者主张由没有介入案件处理的检察人员主持听证,具体调查案件的检察官作为一方,行政主体为另一方,[1]这种方式侧重于保障监督工作的审慎性。也有学者主张由检察机关主持听证,违法行为人作为一方,行政主体和利害关系人作为另一方,或者公益受损主体作为一方,行政主体作为另一方,[2]这种方式侧重于全面调查取证、促进行政争议的解决。从最高检2019年发布的行政检察典型案例来看,目前的实践主要采纳后一种做法。

(五)建立行政监督评价机制

对行政权的监督是长期进行的,建立行政监督评价机制就是把行政主体在监督过程中的表现记录在案并作出评价,为以后的监督工作提供借鉴,使过去的监督活动也能对未来的监督工作产生价值。监督评价机制的主要作用有以下三个方面:一是为监督计划的制定提供参考。检察机关可以根据行政主体过往的表现,对行政主体接受监督的程度作出合理预期,选择恰当的监督方法,把握监督的刚柔尺度。二是促使行政主

---

[1] 参见王春业:《论行政公益诉讼诉前程序的改革——以适度司法化为导向》,载《当代法学》2020年第1期。

[2] 参见关保英:《检察机关在行政公益诉讼中应享有取证权》,载《法学》2020年第1期。

体配合监督工作,重视检察机关的工作建议,遏制行政权的恣意。三是提高监督工作效率。检察机关可以参照评价结果,将监督重点放在对评价较低的行政主体上,使有限的检察资源得到最大化的利用。

行政监督评价机制主要由三部分构成:(1)评价机制。检察机关首先对行政主体接受监督、纠正违法行为的意愿和作为作出评价,评价内容包括行政主体回应检察建议的质量、快慢,整改的程度、速度等。在监督结束后,根据行政主体在类案中再犯的频率,对评价作出调整。在评价时,还要根据不同类型的行政管理活动的特点,赋予不同的评定权重。比如,对一些难度较高、行政裁量空间较大的行政事务,给予更宽松的评价。(2)公开机制。评价结果应适度公开,达成更广泛的监督效果。首先,应让行政主体知晓评价结果,令其有效限制自身的违法行为。其次,要向党委、人大、政府、监委、政协等体制内的主要监督主体通报评价结果,共同形成对行政主体的监督压力。(3)利用机制。检察机关可以利用评价结果,为监督工作提供参考。在线索发现阶段,检察机关应重点关注评价较低的行政主体;在调查核实阶段,检察机关可以借此分析从行政主体获取案件信息的真实性、完整性;在作出处理决定阶段,检察机关可以给予评价较高的行政主体更多的信赖,作出适度让步;在监督结束后,检察机关应重点核查评价较低的行政主体的履职工作。必须强调的是,评价结果只是监督工作中的一项参考而非依据,检察机关仍应严格依法监督。

五、结语

监督是行政权正确运行的根本保障,检察机关的法律监督是我国行政监督体系的重要力量。近年来，检察机关试图从行政公益诉讼、社会治理等多渠道切入，不断提升行政监督的强度与覆盖面，赋予法律监督新的意义。尽管在监督行政权的过程中，检察机关会面临各种困难和挑战，但这只是新生事物在发展完善过程中的正常现象。我们不必担忧暂时的工作不畅会使这种监督陷入徘徊不前的窘境，而应立足长远，在科学的顶层设计和反复的工作实践中，深化对检察机关法律监督的理解与应用。首先，要将涉及行政权的检察监督职能统合起来，作出全面系统的考察与布局，摆脱检察内部分工造成的监督权割裂。其次，要超越监督正当性论证的务虚理论，更加务实地探索行政权检察监督的运行机制与发展对策，以免重蹈此前"一般监督"空有宏观设计、缺乏实际考虑的覆辙。

打造适于直面行政权的检察监督，就是在打造适于检察机关发挥监督职能的方法与制度。我们既要把握检察监督的内在规律，又要注意外部因素对监督工作的影响；既要结合检察机关的自身特点量体裁衣，也要将行政权检察监督置于行政监督体系中通盘规划。关键是要摸清被监督的行政权之优势与特性，发挥好检察监督的潜在优势，突出行政权检察监督的精准性、有效性，扬长避短、对症下药。检察机关需要突破诉讼制度下的传统思维模式，强化自身在行政监督体系中的独立地位与独特价值，进而在监督行政主体的长期活动中形成一系列切实可行的措施机制，使之能够真正直接、全面、有效地监督行政权，开辟出一条富有法律监督特色的行政监督之路。

第三章　两种“法律监督”的概念与行政检察监督*

一、导论

检察权突破公诉和侦查职能而扩张至监督领域乃我国特色检察制度重要表征。现行《宪法》和 1979 年《人民检察院组织法》规定，人民检察院是国家法律监督机关，依法独立行使检察权。从“一般监督”到“法律监督”，我国检察院的职权已有一定程度限缩，主要指公诉权、侦查权和狭义法律监督权，该设定符合我国一元宪治结构。“法律监督”是一种源于宪法、位列人大监督之下的宪治职能，旨在监督宪法法律正确统一实施、促进政令通畅和维护中央权威。

当前我国实践中围绕“诉讼监督”形成了一套特殊的狭义法律监督

* 本章原载《东方法学》2018 年第 1 期。

体系,该体系并不完全符合我国宪法对检察院的定位。[1] 行政检察监督范畴的“回归”,[2]是党的十八届四中全会以来司法改革重要内容之一。《决定》提出,“完善检察机关行使监督权的法律制度”,“探索建立检察机关提起公益诉讼制度”,“检察机关在履行职责中发现行政机关违法行使职权或者不行使职权的行为,应该督促其纠正”,我国行政检察在监督范围、监督对象和监督方式等方面都发生了较大变化。[3] 但是,它们仍未完全契合行政检察监督之本意。概言之,我国“行政检察监督”的核心价值追求还不够明确、规范内涵还不够准确、主要范畴还存在偏差。[4] 这些关于“行政检察监督”的认知和建构,无法实现检察权对国家公权力的有效规制,因此,有必要重新厘清它的概念和外延。行政检察监督的根本面向是保障宪法和法律完整统一实施而对有公共行政的控制,其根本价值应在规制国家公权、构建检察权威和保障公民权利

---

〔1〕 我国检察院实际履行的核心职能主要框限于司法尤其是刑事司法领域,但这一现状并不完全符合我国宪法规定的法律监督职能。参见喻中:《如何理解“检察院是国家的法律监督机关”——宪法第129条对于中国宪制体系的意义》,载《长白学刊》2009年第3期。

〔2〕 参见王文生、徐岱、刘平:《论检察机关法律监督权能之回归——“大检察”格局之构想》,载《当代法学》2008年第5期。

〔3〕 监督方式在监督范围上,从单一的行政诉讼监督,拓展为行政诉讼监督、行政违法和行为不作为行为监督并举,既包括诉讼内的监督,又包括诉讼外的监督;监督对象上,从监督人民法院的生效判决,到增加人民法院行政调解书、审判人员违法行为和行政执法活动,乃至行政机关违法行使职权乃至不行使职权的行为。参见张洋、刘文波:《行政检察正在发生四个变化》,载《人民日报》2015年5月22日,第11版。

〔4〕 当前我国检察院所谓行政检察,职能主要由民事行政检察机构行使,是一种行政诉讼中的监督,与民事、刑事诉讼监督性质相似,实际上面向司法审判、旨在促进司法公正,并非严格意义上的行政检察。参见肖金明:《建构、完善和发展我国行政检察制度》,载《河南社会科学》2011年第6期。

之间寻求平衡。所谓“公共行政”的四个关键要素是公权性、外部性、受控性和执行性。“行政检察监督”的外部逻辑在于它与“诉讼监督”是构成“狭义法律监督”的周延且互斥的一级下位概念,内部逻辑则指多方主体分别实施的公共行政活动共同周延地构成行政检察监督,由此实现两种“法律监督”的概念分野和我国行政检察监督的归位。

二、“法律监督”的逻辑和实践

(一)从“一般监督”到“法律监督”

现代检察制度和一般监督理论都无法回避的关键问题:一是检察权的机构定位和职权定性问题。二是检察院的组织架构问题,包括检察权统一行使、上下级关系和检察官等问题。三是检察权职能定量问题,包括:(1)公诉权范畴,即是否涵盖审查起诉职能及刑事以外其他公共利益代表之身份界定。(2)侦查权范畴,即可否侦查引导、有无职务犯罪或其他犯罪侦查权及有无剩余侦查权。(3)监督权范畴,即监督诉讼活动之程度、检察权对司法之外事务的监督问题。四是检察机关的外部关系问题,如检察机关侦查权与公安和其他专门侦查机关的关系。根据联合国大会1990年《关于检察官作用的准则》第11条检察官职权条款中“根据法律授权或当地惯例”和“其他职权”的表述,[1]检察院职权边界并无定论,而是依据本国宪法法律的规定。那么,何谓“一般监督”？中

〔1〕 根据联合国大会于1990年批准通过的《关于检察官作用的准则》第11条的规定,检察官职权指:“在刑事诉讼(包括提起诉讼)中和根据法律授权或当地惯例,在调查犯罪、监督调查和合法性、监督法院判决的执行和作为公众利益的代表行使其他职能中发挥积极作用。”

华人民共和国成立初期，我国参考列宁“一般监督”理论，除了规定检察院的公诉、侦查和诉讼监督职能外，还突出规定了对行政决议、命令和措施的合法性和国家工作人员是否遵守法律的监督。[1] 1979 年《人民检察院组织法》和 1982 年《宪法》规定，我国检察院是国家专门法律监督机关，依法独立行使检察权。这涉及我国“检察权”的机构定位、职权定性和职能定量问题。对此，学界的争议集中于：第一，职能定量上，检察权是公诉、侦查和诉讼监督部门，还是包含更广泛意义的监督。第二，机构定位上，检察院是倾向政法业务部门，或者说刑事司法兼顾民事行政检察，还是作为法律监督之国家宪治机关而以法律监督职能为主、检察执法职能为辅。第三，职权定性上，一是检察权是行政权、司法权还是法律监督权；二是“法律监督权”和“检察权”本质上是否具有一致性，或者说“法律监督权”一词能否涵盖全部检察权。

（二）“法律监督”的可能性

更广泛意义上的检察权（不限于公诉、侦查和诉讼监督）唯寻路于制约和监督行政权、立法权，这种上升至监督宪法和法律实施层面的法律监督机关，以下两项前提必择其一：第一，我国宪法法律规定，全国人大及其常委会作为国家权力机关（统一权能）监督宪法和法律实施，检察院作为专门法律监督机关承担部分监督职能，由此形成法律监督的“二元结构”。第二，虽无上述统一权能，但享有法律监督权的机构真正

[1] 所谓一般监督，即对有关国家机关违反法律的行政决定和措施以及对国家机关工作人员的违法行为实行的检察监督活动。参见王桂五：《王桂五论检察》，中国检察出版社 2008 年版，第 189 页。

独立于三权之外。不同监督客体又延伸出迥异之轨道:(1)宪法委员会等专门合宪性审查机关,这种概括性监督是宪法监督的传统路径;(2)监察委员会等专门监察机关,这兼具职务案件侦查(调查)和监督国家机关工作人员是否遵守法律之双重性质。

(三)我国“法律监督”的三个层次

检察院作为一种专门的法律监督机关,是由我国宪法创设,想要真正解释当前我国的检察制度,首先要具体落实到中国特色的宪治结构中观察。我国检察制度是根植于人民代表大会根本政治制度下的创设:我国宪法规定,全国人民代表大会是国家权力机关,“一府一委两院”由其产生、对其负责、受其监督。换言之,作为第一层级的权力机关派生出行政、审判和检察等第二层级的权力分支,检察机关在层级上与行政机关、审判机关平行,依法独立行使检察权,履行法律监督职责。检察权和行政权等分别依据宪法和法律在各自权限范围内按照程序分别行使,在特定事项的处理中相互配合。[1] 必须明确,我国检察院依法独立行使检察权,不受行政机关、社会团体和个人的干涉。独立审判和独立检察是司法公正的重要保障,是各国公认的基本法治原则,但人们往往更关注独立审判而忽略独立检察,或将其与独立审判混为一谈,未注意到独立检察的特殊性。从检察权与行政权的关系出发,独立检察原则至少有三个方面的内涵:第一,检察院是行使检察权的唯一机关,行政权不得介入检察系统;第二,检察权行使不受外界尤其是行政权的干涉,如省级以下

---

〔1〕 参见郑贤君:《论检察权与行政权的关系》,载《河南社会科学》2011 年第 6 期。

探索检察机关人财物统一管理改革;第三,检察权的内部独立,在检察官独立办案和检察系统一体化原则之间寻求价值平衡。在此宪治结构下,我国"法律监督"的体系逻辑可以归纳为以下3个层次:

第一,权力机关的法律监督权是最高层次的监督权。我国《宪法》第62条、第67条、第99条及第104条分别规定了全国人大、全国人大常委会、地方各级人大和地方各级人大常委会保证宪法、法律和行政法规被严格遵守和执行的职权和措施。[1] 这决定了我国全国人大及其常委会作为最高国家权力机关及其常设机关负责监督宪法和法律在全国范围内的实施,地方各级人大及其常委会作为地方权力机关及其常设机关则负责监督宪法和法律在各自区域内的实施。这项监督权是最高层次的、唯一性的,没有任何其他机关的任何职权可以超出它的权限和范畴。第二,检察机关由权力机关产生、对其负责并成为专门法律监督机关,检察院是作为法律监督之国家宪治机关,而非一般公诉或侦查机关。必须明确,"专门法律监督"并不意味着"一般监督"。我国权力机关和检察机关之间是决定与执行、监督与被监督的关系,两者存在位阶和性质上

---

[1] 我国《宪法》第62条规定,全国人民代表大会"监督宪法的实施""改变或者撤销全国人民代表大会常务委员会不适当的决定";第67条规定,全国人大常委会"监督宪法的实施""监督国务院、中央军事委员会、最高人民法院和最高人民检察院的工作""撤销国务院制定的同宪法、法律相抵触的行政法规、决定和命令""撤销省、自治区、直辖市国家权力机关制定的同宪法、法律和行政法规相抵触的地方性法规和决议";第99条规定,地方各级人民代表大会在本行政区域内"保证宪法、法律、行政法规的遵守和执行",县级以上的地方各级人民代表大会"有权改变或者撤销本级人民代表大会常务委员会不适当的决定";第104条规定县级以上地方各级人大常委会"监督本级人民政府、人民法院和人民检察院的工作""撤销本级人民政府的不适当的决定和命令""撤销下一级人民代表大会的不适当的决议"。

的差异，检察院法律监督权不得超越自身位阶，即法律监督对象不涉及国家权力机关实施的活动。第三，在“法律监督权”和“检察权”的关系上，二元论主张两种职权并列，任何一方都无法涵盖另一方；一元论则认为一切检察活动都是法律监督活动的具体形式，全部检察权可统一于法律监督权。就此而言，“法律监督”应当是一种源于宪法、位列人大监督之下的宪治职能，不限于诉讼监督又不同于一般监督。为避免一元论和二元论的争议，笔者提出“狭义法律监督”[1]作为我国法律监督的第三个层次，定义如下：

我国人民检察院行使独立于公诉和侦查职能之外的，以保障宪法法律统一正确实施为价值追求、以国家立法之外的国家职权及其活动为监督内容的特定检察活动。

笔者认为，作为国家宪治职能的“狭义法律监督”，应当是一种“更广泛意义的监督”，监督对象应从“法律实施”层面出发而不限于诉讼监督。我国宪法文本或宪法解释并未对法律监督作出明确限定，文义解释上将法律监督限缩为“诉讼监督”是不恰当的。上升到宪法法律实施层面、作为国家宪治职能存在的法律监督，旨在通过对公权行为的合法性进行审查与监督，[2]以保障法律的正确统一实施。就此而言，法律监督

---

〔1〕 有的学者基于我国现状，将这种“狭义法律监督”归纳为人民检察院“单向”监督其他机关的职能。参见封安波：《论我国检察权的“三层级”结构——基于〈宪法〉与〈刑事诉讼法〉衔接的考量》，载《法学家》2015年第4期。

〔2〕 宪法实施的核心应当是公权行为的合宪性进行审查与监督。参见苗连营：《宪法实施的观念共识与行动逻辑》，载《法学》2013年第11期。与之对应，法律实施即旨在就公权行为的合法性进行审查与监督。

的根本价值就在于保障法律的实施。将专门法律监督限制在司法领域不符合社会主义监督原则，诉讼监督也难以真正实现检察权对国家公权的制约。

三、行政检察监督的规范内涵

(一) 行政检察监督的根本面向

学界和实务工作者对于行政检察监督大多形成了这样的统一认知：唯有走出诉讼程序，才能真正实现行政检察监督的法律价值。关于行政检察监督之根本面向究竟是什么，有学者基于检察权的程序性特点和列宁对检察长职权的论述，认为行政检察监督必须通过法院裁判得以实现；[1]以司法审判为载体、督促行政机关参加行政诉讼和执行判决的所谓广泛意义上的行政检察监督，亦已被许多人所接受。但是，列宁关于“检察长的唯一职权，就是把案件提交法院去判决”的论述必须放到在其《论双重领导和法制》上下文中贯通理解，这实际上是对垂直领导下拥有高度独立性之检察职权的反向限制(下文有“行政检察监督的实施边界”专门分析)，讨论的是检察官职权的边界，而非行政检察监督的方式问题，无法由此推得行政检察监督亦须围绕法院裁判开展。何况，如果行政检察监督只得凭借司法审判的裁量，其实仍逡巡于诉讼程序，更遑论行政法律监督法律价值的实现。可见，当前这些理论探索仍未走出

〔1〕 参见唐光诚:《中国检察制度面临的矛盾与宪法价值回归》，载《东方法学》2010年第1期。

诉讼程序的窠臼。笔者认为,行政检察监督之面向并非“行政权”,也不是一般意义的“行政行为”,而是“公共行政”。下面试从正反两个方面解释之。

第一,“公共行政”涵盖“公共属性”和“行政属性”两重意蕴:

1. 笔者谓之“公共属性”有传统国家公权层面和公共事务层面两重意蕴,不同于哈贝马斯概念化的公共领域概念。私域和公域乃法兰克福学派著名学者哈贝马斯讨论市民社会引入之语词。实际上,早期代表型公共领域下并不对公私领域作严格区分,市民社会形成后的公共领域其实脱胎于私人领域。从代表型走入市民型的公共领域语词体系呈现严格的公私分野,其中涉及国务活动相关对象的被称作政治的公共领域,以此与文学的公共领域区分。[1] 显然,所谓政治的公共领域主要特征就是与教会权力和政府权力的分离,由此实际形成“国家公权”“公共领域”“私人领域”之三分。国家公权、公共领域和私人领域一定程度上可对应国家、社会和个人。“公共属性”两重意蕴即在国家公权范畴内管理公共事务。

2. “公共行政”还具有“行政属性”。“扣除说”受行政法学影响,认为“行政”是指国家职权中减去立法和司法后剩余的职权。“行政”究竟是什么?《联邦党人文集》曾对此作出经典论述,“所有权力都必须通过法律赋予,否则行政机关不得享有和行使任何权利,与此同时,任何权力

---

〔1〕[德]哈贝马斯:《公共领域的结构转型——论资产阶级社会的类型》,曹卫东译,学林出版社1999年版,第32~35页。

都必须通过法律来制约和控制”[1]。

第二,“公共行政”不等于一般意义的“行政行为”,更不等于“行政权”:

1.“行政属性”具有非专属性。在我国,传统行政权理论认为,行政权是专属于行政机关,“随着行政的法治化,行政主体概念逐渐取代了行政机关这一具有强烈管理学性质的概念,行政权的专属性也呈现出一种松动”[2];进一步讲,现代行政权的使权主体已呈多元态势,“公共行政”业已超越行政主体范畴。随着社会法治进一步复杂化,我们很难断言立法机关、司法机关甚或未来的监察机关所实施的一切活动皆永不牵涉公共行政。

2.“形式意义的行政活动”[3]并非皆具行政属性。比如,公安和其他专门机关刑事侦查活动一定程度上可视作具有司法属性,检察机关对它们的监督本质应归于诉讼监督;行政主体参与行政诉讼的活动,以履行诉讼判决为例,看似需要通过行政活动来实现,但根本上它产生的是诉讼意义而不是行政意义上的法律效果,仍属司法范畴之活动,亦应归

---

〔1〕［美］汉密尔顿、杰伊、麦迪逊:《联邦党人文集》,程逢如、在汉、舒逊译,商务印书馆1980年版,第264页。

〔2〕张树义、梁凤云:《现代行政权的概念及属性分析》,载《国家行政学院学报》2002年第2期。

〔3〕有学者将行政活动(行政机关实施的活动)区分为实质意义的行政活动和形式意义的行政活动,前者强调的是行政权力的实际运作,此即所实施的活动具有本文所谓“行政属性”;后者指行政机关采取的一切活动,包括在私法领域的活动和在公法领域的活动,强调的是实施活动的主体是行政机关、不是其他机关。参见朱维究、解志勇:《论行政活动的分类与控制》,载《政法论坛》2003年第2期。

于诉讼监督(后文详述之)。

3. 国家机构内部活动传统建构模式饱受争议,传统“行政行为”形式理论“在现代行政任务膨胀的背景下险象环生,特别是其对行政实体政策面向的关注严重不足”[1],难以凭此完成法律监督下位概念的继续分类。

(二)行政检察监督的体系逻辑

1. 行政检察监督的定义

笔者定义“行政检察监督”如下:我国检察院监督各方主体实施公共行政活动是否严格遵守宪法法律的特定检察活动。行政检察监督的核心价值追求是保障宪法和法律完整统一实施而实现对公共行政的控制,旨在促进国家法律在公共行政层面的正确统一实施;根本目标是在构建检察权威与保障公民权利之间寻求价值平衡;检察对象是享有国家公权的多方主体在国家公权领域内实施的具有受控性和执行性的各种外部活动;检察内容是监督上述活动是否严格遵守法律。

2. 行政检察监督的两重逻辑

行政检察监督的外部逻辑,即“行政检察监督”与“诉讼监督”是作为一级下位概念的并列且独立的重大宪法职能,共同构成比较周延的狭义法律监督。此即上文所谓狭义法律监督的语词内部逻辑,不再赘述。

行政检察监督的内部逻辑,是指行政检察监督的两次分类是“多方

[1] 朱新力、唐明良:《现代行政活动方式的开发性研究》,载《中国法学》2007年第2期。

主体”实施的“公共行政”活动。可作如下归纳:(1)对象多样,包括权力机关之外的国家机关、被授权组织或其他特定机构;(2)属性单一,必须是具有公共行政属性或者说有公共行政意义;(3)内容广泛,是具有公共行政意义的一切法律实施活动,现实中有些活动虽冠立法或司法之名,却为“行政”之实。

此外,有三个问题值得注意:第一,“行政司法”和“行政立法”具体属性有争议;第二,“监察职能”虽定性为监察权,但须区分不同活动的具体属性;第三,被授权组织和一些特定机构也可能作出具有公共行政意义上的特定活动。

3.“公共行政”的关键要素

通过行政检察监督根本面向之分析,笔者认为,所谓“公共行政”,指的是各方主体在国家公权范畴内实施的具有受控性和执行性的外部活动。它具有四个关键要素:“公权性”“外部性”“受控性”“执行性”。所谓“公权性”,指主体乃利用国家公权力所实施的活动;所谓“外部性”,指该活动面向公共事务,而不是国家机构内部事宜,旨在促进公共福祉,而不是某一具体机构的福利;所谓“受控性”,指经法律授权、在法律范围内、受法律控制;所谓“执行性”,指公共行政行为本身乃执行法律规定,不创设普遍约束力。

四、行政检察监督的实施边界

有学者根据我国社会法治现状和检察机关法律监督的特点,将我国现行的法律监督概括为"有限的一般监督"[1]。笔者认为,相较于"一般监督",我国"法律监督"的"有限"或"边界"在行政检察监督领域主要有以下表征:

（一）行政检察监督不得违背人大制度根本遵循

我国1954年《宪法》和《人民检察院组织法》作了"一般监督"的规定,但在1982年《宪法》和1979年《人民检察院组织法》中取消了有关规定。权力机关的法律监督权成为最高层次的监督权,检察机关由其产生、对其负责并成为专门法律监督机关,检察院作为法律监督的国家宪治机关。由此,我国最高的监督机关是全国人大及其常委会而非最高人民检察院,检察机关乃权力机关设立的专门法律监督机关,两者是决定与执行、监督与被监督的关系,存在位阶和性质上的差异。这种宪治格局的根本要求是:检察院法律监督权不得超越自身位阶,即法律监督对象不涉及国家权力机关实施的活动。那么,我国检察院法律监督对象包括地方权力机关活动吗?

但是,我国并未真正建立起检察机关的垂直领导体制,地方各级检察院亦由地方权力机关产生,故我国检察院法律监督对象亦不涉及地方权力机关之活动。置换视角,这一根本要求未尝没有构建衔接机制的意味:一方面,人大方面要监督和支持检察院的法律监督工作;另一方面,检察院方面也要接受与配合人大对其的监督和支持。简言之,就是以两

[1] 崔建科:《论行政执法检察监督制度的构建》,载《法学论坛》2014年第4期。

种监督形式的差异性因素为依据实现两者的融会贯通。[1]

(二)行政检察监督以程序性控制为主

行政检察监督应限于程序性控制,一般不对实体问题、实体权力作出最终处分。列宁指出,“检察长有权利和有义务做的只有一件事:注意使整个共和国对法制有真正一致的理解,不管任何地方差别,不受任何地方影响”[2],“但是检察长无权停止决定的执行,而只是必须采取措施,使整个共和国对法制的理解绝对一致”[3]。列宁在论证检察机关应实行垂直领导体制的同时,强调检察监督职权限于程序性权限,而不涉及最终决定权。这是法律监督价值追求的表达,符合权力制衡的规律,也一定程度上体现狭义法律监督之下行政检察监督和诉讼监督的对应性。诉讼监督的核心也在于保障司法“过程”的公正性。一个分歧在于,认为审判监督程序和抗诉等制度是对法院“裁判结果”的监督。其实,它们很大程度只是检察公诉权的事后行使,很难被定性为狭义法律监督,更不是对“裁判结果”的监督。提起抗诉的检察院相较于生效判决刑罚对象具有优势待遇,容易被误解为对法院审判的“单向监督”;但是在以审判为中心的刑事司法活动中,再审和一审、二审一样,终端处分权依然掌握在法院手中,检察院的优势地位并不意味着当然影响司法判决结果。

---

〔1〕 参见秦前红、刘怡达:《人大司法监督与检察院法律监督衔接机制论纲》,载《地方立法研究》2017 年第 1 期。

〔2〕 《列宁全集》(第 43 卷),人民出版社 1987 年版,第 196 页。

〔3〕 《列宁全集》(第 43 卷),人民出版社 1987 年版,第 195 页。

（三）对象限于国家公权领域内所实施的外部活动

第一，行政检察不监督国家公权领域外活动。比如，行政单位因为单位停水与饮水供应商的纠纷，这种不具有强制性、未基于不平等的法律关系、也没有利用政府名义所进行的民事活动，不涉及国家公权力，检察院不应该、也没有必要介入。

第二，行政检察不监督有关主体的内部管理。根据有关组织法进行的规范运行属于组织内部管理权，因此，行政检察不得干涉有关主体的正常运作及其对内部工作人员的纪律惩戒，这也是对其宪法职权的基本尊重；但是，组织内部管理权须基于比例原则和内部原则，因此，超越必要程度的纪律惩戒和监察机关对其他机构工作人员之监察，皆突破了上述内部管理范畴。

（四）一般不直接涉及对个人是否遵守法律之监督

法律监督的可能对象包括国家机构、社会组织、国家工作人员和一般国民，检察院法律监督的核心是对国家公权行为是否严格遵守法律进行监督与审查，所产生的法律责任和制裁措施亦应由公权行为对应的有关主体来承担，具体来说：

第一，行政检察监督不涉及认定行政执法人员的责任。监督“人”和监督“活动”乃截然不同之面向。以行政主体及其工作人员为例，“行政执法人员”（行政主体以及法律法规授权的组织中具体实施行政执法活动的人员）属于前偏后正的词组或者说偏正结构短语，是加有修饰词“行政”的人员，重在“人员”；与之对应，“行政执法主体”是指行政执法活动的承担者，是承担行政执法活动的机关或组织。行政检察监督确实可以达到严肃行政机关纪律、规范行政公务人员行为的作用，但规范公务员队伍并非检察院的基本任务，[1]而是行政主体的组织管理职能，宜以内部纪律惩戒机制和复核、申诉程序完成。

第二，对于国家公职人员和一般公民仍有必要作一定区分，具体来说：(1)针对一般公民是否遵守法律或者说全民守法的监督，民事案件基于不告不理原则、刑事案件则由检察机关代表公共利益提起公诉，一般不属于行政检察监督；(2)一般公民在行政法上的无因管理活动是实践中新生、一直被忽略却堪得深思的问题：一般公民无因义务下代替行政机关行使有因权力所导致的行政责任[2]是否具有宪法正当性、在何种情况下可能由公民承担、是否接受行政检察监督？(对于未经授权的普通社会组织亦可能有此命题)在满足"公共行政"四要件的特殊情况下，此种行政责任是否可能意味着行政检察监督对象之扩张？

第三，行政检察监督对象不直接涉及个人并不意味着与个人毫无关联，在针对国家公职人员职务犯罪所采取的一系列活动过程中，检察机关仍可能通过监督反腐败执法机关是否严格遵守法律，间接影响国家公职人员履职。但这显然无法论证预防、调查和侦查职务违法犯罪属于行政检察监督。

---

[1] 参见杨承志、范思力、刘进军等：《行政执法检察监督权的边界》，载《人民检察》2016年第24期。

[2] 在与行政主体的法律关系中，公民等无因义务必然对应行政机关的有因权力，行政法无因管理行为正当的结果是追认、奖励或补偿；不正当的结果是赔偿或刑罚。参见张弘：《行政法无因管理研究——以公民为行政机关从事行政活动为分析视角》，载《东方法学》2011年第5期。

(五)以公共法益之一定损害为前提

首先,“诉讼外行政检察监督”的法理依据是有关行为存在违法性,包括实体违法和程序违法,前者表现为越权、滥用职权、玩忽职守和其他明显不当之行为,后者表现为实施公共活动的方式、步骤、顺序及时限等没有合乎法定要求;[1]行政不作为行为也可能导致公共利益减损。其次,基于法律监督谦抑原则和对活动主体职权的尊重,行政检察监督一般只在公益遭受较严重损害结果时才介入;至于造成一般危害后果的行为,一般应由行政监察机关进行系统内监督或由专门负责机构实施监督。

那么,对于其他机关负责的监督事项,若其他监督主体不作为,检察机关是否应介入?对此有不得介入、可以介入和通过检察建议等方式督促履行监督职责等不同观点,笔者赞同姜明安教授的看法,认为当其他监督主体都不作为时,相应事项可以进入检察机关行政检察的范围。[2]不论检察机关可否介入其他机关之监督事项,都应当有专门、严格的法律进行规定;如果可以介入,还要规定介入的范围、程度、方式和程序等。总之,需要尽快制定检察机关监督行政违法或不作为行为的专门法律文件,避免监督职权配置争议导致的监督越权或缺失。

---

〔1〕 参见王国宏:《诉讼外行政检察监督论析》,载《湖南科技大学学报(社会科学版)》2016年第3期。

〔2〕 姜明安教授指出,此时若检察机关再不介入,国家利益、社会公共利益或公民、法人其他组织的合法权益即将受到重大损害,从这个意义看,检察监督可谓制止和纠正行政违法行为,维护上述权益的“最后一道防线”。参见姜明安:《完善立法,推进检察机关对行政违法行为的监督》,载《检察日报》2016年3月7日,第3版。

五、行政检察监督体系之完善

当前我国理论和实践都偏离了行政检察价值目标,亟须完善。笔者认为有三点值得注意,除了上文指出的行政检察监督不等于行政诉讼监督之外,还要注意它并不等同于监督行政主体实施的全部活动,更不主张笼统地涵盖检察院为规制公共行政所作之全部检察活动。

(一)行政检察监督不等于监督“行政主体实施的活动”

第一,检察院督促行政主体参与行政诉讼和执行生效判决以及提起抗诉等,均乃诉讼监督范畴。行政诉讼与刑事诉讼、民事诉讼共同构成三大诉讼活动,属于司法范畴。检察机关对行政诉讼的监督主要有两个面向:(1)面向法院司法审判工作的审判监督,如传统的行政诉讼抗诉等。这些监督活动一定程度上可视作检察权对司法审判的补强,旨在促进司法公正、推动社会正义,显然因其对象乃司法审判而归于诉讼监督,无论从任何层面讲,都不应纳入行政检察范畴。(2)面向行政诉讼之被告的监督。对此有学者提出,行政诉讼以行政主体和授权组织为被告,广泛意义上的行政检察可以涵盖检察机关对行政诉讼中被告的监督,即以司法审判为载体,督促行政机关参加行政诉讼、执行判决,并提出督促民事、行政判决执行都是行政检察的范畴。[1]

将监督行政诉讼之被告纳入行政检察监督对象存在三个问题:

---

〔1〕 参见肖金明:《建构、完善和发展我国行政检察制度》,载《河南社会科学》2011年第6期。

(1)根本在于行政检察监督对象划分标准,混淆了“定性”和“属性”,无法区分“行政权”和“有行政属性的活动”。行政主体参加行政诉讼并非“公共行政”,而是参加“司法裁判”;监督行政诉讼之被告虽是对“行政权”的监督,但不是对“公共行政”的监督,将其纳入诉讼监督更具合理性。(2)不符合行政检察的核心价值追求。实际上,作为国家司法审判机关,法院出具的任何生效判决都被尊重和执行,而保证生效判决的执行,应当是司法审判权的延伸。检察机关法律监督职能的核心价值追求是“法律的正确统一实施”,即确保公共行政活动和司法裁判活动本身具有公正性;至于行政乃至民事、刑事生效判决是否得以执行,并非检察工作的价值追求,不论人民法院自行解决也好,请求行政机关协助执行也好,检察机关都不应成为审判乃至其他机关工作的帮衬,更合适的路径是检察机关通过诉讼监督以督促人民法院及时跟进。(3)缺乏可操作性。一方面,实践中几乎任何地方法院都单设执行机构,可看出实务对此已有偏向;另一方面,司法执行涉及过于庞大,对于疲乏奔波于侦查、审查起诉和诉讼监督活动的检察机关而言,并无“闲余功夫”接手“浩如烟海”的司法执行工作;进一步讲,不再“执掌”职务犯罪侦查权后的检察院连自身权威都无法保证,何谈督促判决执行。应当说,未来很长一段时期里,检察院的关键任务应当是对其核心工作和自身处境作出准确定位,依托宪法法律寻找有力依据,在现实中真正实现宪法对检察机关的定位和应当承担的宪法职责。

笔者认为,此种检察虽然指向行政诉讼中作为被告的行政主体,但是局限于行政诉讼中的监督,与民事检察并列,由民事行政检察机构负责，与民事、刑事诉讼监督性质相似，监督的对象和方式也无明显差异，应纳入诉讼监督序列，与刑事诉讼检察和民事诉讼检察并列。

第二，检察院对办理刑事案件中公安等专门机关的制约，也属于诉讼监督。中华人民共和国成立初期，检察机关曾对行政机关有一般监督权，检察机关恢复后很长时间内，这些监督和直接制约局限于劳动教养、办理刑事案件等特定行政活动。[1] 劳动教养废除后，直接监督主要是对公安和其他专门机关侦查活动是否合法进行监督，对监狱、拘留所、看守所、拘役所执行刑罚和监管活动是否合法进行监督等。

当前问题有两点：第一，根源依旧是行政检察划分标准，混淆了“定性”和“属性”，未能区分“行政权”和“公共行政”；第二，混淆了检察职能本身和检察职能产生的法律效果，它们看似能够监督和制约行政并产生行政检察相似的效果，实则“将行政检察与检察机关的广泛职能联系起来”[2]。总之，办理刑事案件中“互相制约”所表现的检察院之刑事公诉权、侦查监督权和执行监督权，本质是检察院公诉和诉讼监督职能，属于刑事诉讼监督，是对行政权的制约、但不是对公共行政的制约。必须指明的是，拘留所是执行行政处罚和治安处罚的机构，检察院对拘留所监管活动的监督属于行政检察监督。

（二）行政检察监督不包括侦查职务犯罪

监察体制改革完成以前，很长一段历史时期内我国职务犯罪侦查权

---

〔1〕“关于检察机关直接监督行政活动的研究主要集中在两个方面：一是对劳动教养检察监督的研究，二是对行政执法机关移送涉嫌犯罪案件实行检察监督的研究。”参见张步洪：《行政检察基本体系初论》，载《国家检察官学院学报》2011 年第 2 期。

〔2〕肖金明：《建构、完善和发展我国行政检察制度》，载《河南社会科学》2011 年第 6 期。

由人民检察院独享。

监察体制改革后,监察委员会针对国家公职人员职务犯罪所开展的预防、调查和侦查活动,其中涉及刑事诉讼的,主要围绕“司法裁判”展开,接受诉讼监督;其他活动主要是对国家反腐败有关法律规范之执行,符合“公共行政”要素,接受行政检察监督。此外,监察委员会完成调查程序并移交检察院审查起诉后,检察机关如果自行补充侦查,依然属于法律实施,不属于法律监督。

如果在职务犯罪案件调查(侦查)过程中,检察机关具有类似对公安机关案件侦查的引导权,则有必要进一步讨论。对于检察院侦查引导权的正当性、性质以及世界范围内的发展潮流,时至今日依然有争议。近年来,检察引导侦查机制研究逐步具体化为公诉引导侦查模式的探讨,两者差异在于,从旨在强化法律监督发展到以提高公诉质量和效率为目的,但是实践中公诉常常处于引导乏力的被动状态,存在侦查效果牵制公诉效率、侦查取证瑕疵转化为公诉压力等问题。[1] 可见,基于存在引导权这一前提,有以下两种区分:第一种认为,引导权是公诉职能的一种延伸;第二种认为,引导权是一种法律监督,由此根据职务犯罪案件调查(侦查)的具体性质,可将引导权区分为诉讼监督和行政检察监督两种(后文将具体解释)。

---

〔1〕 参见赵敏:《公诉引导侦查的保障机制研究》,载《山西警官高等专科学校学报》2015年第1期;参见付凤、杨宗辉:《检察引导侦查与公诉引导侦查合理性辨析》,载《中国人民公安大学学报(社会科学版)》2013年第3期。

（三）行政检察监督不包括行政公益诉讼

检察机关在行使检察权过程中，发现有关组织涉及损害公共利益的事项，可以通过支持和督促有关主体提起行政诉讼，或者主动提起行政公益诉讼。有人将检察机关支持、督促公益诉讼和提起行政诉讼纳入行政检察监督的范畴，这实在值得商榷。

现代检察权一定程度可视作公共利益之代表，有学者从检察对司法之价值角度指出其存在目的即“代表国家和公众维护公共利益，并通过对公共利益的维护来帮助司法机关做出公正裁判”[1]，该逻辑得以解释检察院公益诉讼之正当性。现代社会纷繁复杂，民主制度难以完全实现包括刑事公益在内的全部公共利益，联合国大会于 1990 年批准通过的《关于检察官作用的准则》第 11 条有关检察官职权的规定中指出：“作为公众利益的代表行使其他职能中发挥积极作用。”时至今日，检察权早已超越刑事公诉范畴而被赋予一般公共利益代表之身份，由此延伸出检察机关的公益诉讼权。

但是，行政公益诉讼正当性理论之证成亦表明，它的本质其实是公诉职能的扩张。在以审判为中心的现代诉讼体制下，行政公益诉讼的终端处分权属于司法审判机关。[2]所谓行政公益诉讼的三角关系，尽管在举证责任等方面具有不同于民事公益诉讼的显著特征，但不变的是检察

---

〔1〕 孙谦主编：《检察论丛》（第 9 卷），法律出版社 2004 年版，第 335 页。

〔2〕 实践中必须承认的是，检察机关的特殊身份一定程度上影响法院审判的主导地位，且目前检察机关承担败诉后果的规定还远远不够。参见秦前红：《检察机关参与行政公益诉讼理论与实践的若干问题探讨》，载《政治与法律》2016 年第 11 期。

公诉方与被告方处于同等地位，这区别于行政检察对公共行政行为主体的“单向监督”。实际上，刑事公诉得窥探“实体意义上检察机关对于公共利益的代表性和程序意义上公共利益保护与私人利益的平衡”[1]，它与公益诉讼都旨在维护公共利益。就此而言，二者并非迥然相异，前者涉及国家对危害社会秩序之行为的制裁，故而更具强行性，后者则赋予检察院一定程度上的自由裁量性。[2]

总之，行政公益诉讼本质与刑事公诉相似，本质是将行政机关违法或不作为行为诉诸法院，依托司法审判之裁量实现对行政活动的制约，应归于公诉职能之扩张，或以公诉实现行政检察之效能，并非本文意义上的行政检察。

不过，行政公益诉讼亦不失为实现行政检察监督的有效手段。[3]有学者提出，为快速有效地维护公益、避免滥诉和讼累，督促行政主体及时纠正违法行政行为或不作为，还应建立检察机关“审查前置程序”。[4]在2017年修改的《行政诉讼法》第25条中，检察院提起行政公益诉讼的必经程序，是通过检察建议督促行政机关纠正违法行政行为或履行法定

---

〔1〕 王秀哲：《检察机关的公诉权和公益诉讼权》，载《法学论坛》2008年第5期。

〔2〕 此处并不是说检察院有权就行政机关是否履行和履行多少法定职责以及需承担的后果，与行政机关进行类似民事调解程序的所谓“谈判”，而是指如果行政机关同意履行或承担诉讼请求，检察院则可以不起诉或撤诉。

〔3〕 现有检察监督方式均不奏效时，则可适用检察公益诉讼的监督方式。参见王华伟、刘一玮：《试论行政执法检察监督方式之改进——以“检察督促令”为契点》，载《湖北社会科学》2017年第6期。

〔4〕 参见朱全宝：《论检察机关提起行政公益诉讼：特征、模式与程序》，载《法学杂志》2015年第4期。

职责而行政机关不依法履行。检察建议必然伴随审查程序,一个是结果、一个是过程。审查前置程序与行政公益诉讼程序具有相继性,通过诉前程序理顺检察监督与行政公益诉讼的关系,前者是行政检察监督,后者是提起公诉。[1]

六、行政检察监督体系之完善

(一)监督行政执法活动

1. 监督行政强制措施

党的十八届四中全会提出,"对涉及公民人身、财产权益的行政强制措施实行司法监督"。但未指明监督主体。"从其前后文的逻辑关系来看,以及修改后的《行政诉讼法》内容看,这里的'司法'监督宜理解为专指检察机关行使检察权的情形"[2]。

根据我国《行政强制法》第9条的规定,行政强制措施主要是限制公民人身自由,查封场所、设施或者财务,扣押财产,冻结存款、汇款四种,此外,作了"其他行政强制措施"的兜底规定。出于对公民人身和财产

---

〔1〕 有学者提出,诉前程序和(以诉前程序为前置的)行政公益诉讼可理顺检察监督的层次和结构。其中,诉前程序作为检察监督具有非终局性,行政公益诉讼之终局性则确保审判程序成为维系社会公正的最后防线。参见张彬、张一博:《行政公益诉讼诉前程序基本理论探析》,载《人民检察》2017年第4期。这种对前置审查程序和行政公益诉讼的衔接和定位具有较高的价值合理性,缺陷是将诉前程序定位为行政检察监督之分流,矛盾在于,既然由人民法院掌握终局裁量权,行政公益诉讼就不可能是检察院的单向监督。此处意在强调行政公益诉讼并非行政检察监督。

〔2〕 杨建顺:《完善对行政机关行使职权的检察监督制度》,载《检察日报》2014年12月22日,第3版。

权益的保护,对于"行政强制措施"应当作较广义的解释,同时包括《行政强制法》所规定的和不适用《行政强制法》的行政强制措施,还包括与行政强制措施关系密切的其他强制行为。[1]

就此而言,一方面,监察体制改革后,若监察委员会的调查活动被定性为行政属性,而由此不受《刑事诉讼法》监督,则调查措施中涉及限制公民人身自由财产权利的留置等措施是否需接受检察机关行政检察之制约,还值得进一步讨论。另一方面,监督范围和监督形式则作了一定程度限缩,即监督对象是完全列举,仅限于涉及公民人身、财产权益的行政强制措施;出于行政强制措施的紧迫性、暂时性和司法监督的公信力和权威性,监督形式主要适用于间接监督。[2] 此外,还要与行政强制执行区分。笔者认为,不涉及限制公民人身和财产权益的行政强制措施也应纳入行政执法检察监督范畴,但是基于对公共行政职能的尊重和确保国家公权高效运行,检察院对这些措施的监督应更注意贯彻检察监督的谦抑性原则,对公共行政本职范围内且已有专门监督主体之活动,须强调间接监督、补充监督的作用。

2. 监督行政违法或不作为行为

党的十八届四中全会《决定》提出"检察机关在履行职责中发现行政机关违法行使职权或者不行使职权的行为,应该督促其纠正",2017

---

〔1〕 参见王春业:《论行政强制措施的检察监督——以涉及公民人身、财产权益的行政强制措施为对象》,载《东方法学》2016 年第 2 期。

〔2〕 参见杨建顺:《完善对行政机关行使职权的检察监督制度》,载《检察日报》2014 年 12 月 22 日,第 3 版。

年《行政诉讼法》亦规定了行政公益诉讼制度。但目前我国仍缺少整体规定有关检察机关对违法或不作为行政行为的监督问题的法律法规，关于监督权限、原则、范围、手段和程序等均无明确规定。

根据社会主义监督原则和我国宪法法律规定，监督公共行政的主体主要有执政党、权力机关、检察机关和行政内部行政监察、审计监察等。权力机关是最高级别的监督，检察机关是专门法律监督，监察体制改革后监察委员会之监督对象限于国家工作人员是否遵守法律，而不是监督行政活动的合法性。基于此，第一，从“法律监督”性质来看，检察机关有权监督行政机关所有行政违法或不作为行为；第二，从合理配置监督权出发，行政检察也须划定边界，对于其他主体正在负责的监督事项，检察机关应限于协同和补充监督；第三，行政检察不得代行行政，更不应沦为行政执法的帮衬。

（二）监督反腐败执法活动

国家监察体制改革后，尽管监察委员会作为监察机关其职权被定性为新的“监察权”，但其具体活动和措施终究要落实到某一具体属性上。那么，我们可以重新定义一种所谓“有监察属性的活动”吗？“监察属性”究竟是什么？对此，郑贤君教授则独辟蹊径，将监察机关定位为“政法机关”，认为监察权兼具“政治性”和“法律性”：一方面体现党和人民意志的统一，负有督察谏责官员之职；另一方面可运用司法刑事手段予以调查侦讯。这一观点实则是主张监察机关作为权力机关衍生之专门反腐监督机关，其中，调查活动具有司法属性。实际上，将监察委员会监察职能与检察院法律监督职能置于同一层面并不合理，我们必须正视不同活动具体属性的差异性。如上文所言,如果按照“属性”来分类,在“宪法实施”层面,任何主体某一活动的具体属性,其实都跳不出“立法作用”“行政作用”“司法作用”的羁束。

就此而言,监察委员会监督和处置国家公职人员的活动,作为“反腐败执法活动”可归于行政属性,属于行政检察监督的当然对象。而调查活动是一项十分复杂的职能,既关乎监督对象的违纪违法行为,又涉及调查(侦查)职务犯罪,很难通过单一的行政属性或司法属性厘清,实践中须作进一步区分。

其实,不论监察委员会调查活动作何定性,接受法律监督实属在所难免,这是因为:(1)根据官方言论,监察委员会调查活动不具有任何刑事司法属性,未来可能不受刑事诉讼法规制。对此,笔者对此抱有疑义。如果定义调查活动为“反腐败执法活动”,即应纳入行政检察监督范畴;如果界定为“行政侦查”(这里指代行政执法机关、反腐败执法机关实施的刑事侦查活动,类比公安等专门机关的侦查活动,而公安机关一般治安案件的调查仍属行政执法活动),则须接受“诉讼监督”。因此,监察委员会调查活动或者以“反腐败执法”身份接受行政检察监督,或者以类似公安刑侦之“行政侦查”身份接受诉讼监督,两者必择其一。(2)不论“反腐败执法”抑或“行政侦查”,调查活动之言辞证据均须经转化进入诉讼程序。(3)如果定义监察委为新的监察权而非司法权,又企图绕过审查起诉,直接形成刑诉证据,却不接受法律监督,这有违程序正当原则。

（三）行政司法活动本质是行政执法

行政司法活动是否接受法律监督，这是学界忽略的一个重要问题，有必要作进一步讨论。是与否之间的界限在于行政司法活动的实际属性。有人可能会说，英国行政裁判实际就是一个特别法院，主张所谓“行政司法”的“行政”只是修辞定语，其本质是一种司法行为。

第一，对于多行政主体之间的行政争议，一般由共同上级行政组织裁决，其正当性更多是基于行政效率原则衍生的行政一体化组织原则和组织内部管理职能；第二，特别行政关系理论虽颇有质疑，但必须承认，实践中行政主体内部人员与行政主体之间纠纷一般采用复核和申诉程序，行政主体基于比例原则对内部工作人员采取的纪律惩戒行为是符合内部管理权限的；第三，有关民事纠纷则多适用行政裁决和复议程序。可见，我国行政司法活动多指“一般行政组织”裁决行政纠纷以及与行政管理相关的民事纠纷的裁判活动，表现为行政复议行为、行政裁决行为、行政调解行为和行政仲裁行为四种。

然而，笔者以为，行政司法活动应该是一种执法行为，也要接受行政检察监督。

首先，必须明确，行政司法活动不同于行政主体参加行政诉讼，因为其与司法审判是前后对接、程序互斥的两个过程，故不可能纳入诉讼监督范畴。

其次，实际上，行政司法活动虽具有与“司法裁判”相似的权力外观（如裁判性和非规范性）而被称作“准司法行为”，但是法律地位和权能构造却何啻天壤，故虽冠“司法”之名，却为“行政”之实，这是因为：第一，行政司法活动具有“受控性”和“执行性”两大根本特征。所谓行政司法权唯源于立法授予，裁判之过程受法律制约，其本身是执行法律以实现社会管理之目的，而非据以司法身份对社会纠纷作出具有终局性的裁判。第二，具体而言，行政调解行为并不具有强制约束力（比如公安机关为一般民事纠纷制定的民事调解书）；行政仲裁行为一般基于仲裁协议所蕴含的双方合意；行政复议行为和行政裁决行为生效后虽有法律约束力，但一般作为司法裁判的前置程序而不具有终局效力。第三，至于“行政终局裁决”和提起诉讼时限要求存在的合理性，乃部分行政领域的高度技术性和“力图在公平和效率之间求得平衡”[1]所致。但是，将行政裁决等具体行政行为排除于司法审查之外，并不利于对行政相对人权利的保障，亦容易引发行政权滥用，而违背自然正义原则，与“司法最终解决原则”之间的张力不容忽视。所谓“司法最终解决原则”，也叫“救济原则”。现代法治的一个基本命题是，司法是权利的最终救济方式和法律争议的最终解决方式，这已经成为我国行政诉讼制度基本原则之一。[2]

还有学者主张，由人民法院对行政司法活动进行审查裁判与具有实质意义的否决，以作为实现人民法院对行政活动司法监督的重要环节。[3] 笔者以为，行政司法活动接受法院司法审判，是行政司法活动与

〔1〕 黄晓慧：《论仲裁的终局性与司法复审》，载《学术研究》2000年第6期。

〔2〕 参见孔繁华：《行政诉讼基本原则新辨》，载《政治与法律》2011年第4期。

〔3〕 参见方世荣、周佑勇：《试析我国人民法院对行政活动司法监督的内容》，载《法学评论》1993年第3期。

行政诉讼法律衔接的必然过程，是通过司法审判权实现对行政权的控制。所谓法院审查裁判行政司法活动，只不过是行政权和司法权的相互制约。如该学者所言，本质是司法监督的环节，与法律监督之间绝不是非此即彼。

（四）一般行政规范性文件

在我国，“行政立法”的权力一般源于宪法法律赋予或人大专门授权，行政立法活动主要是职权立法和授权立法。其中，授权立法又分为法条授权立法和专门授权立法，前者指由法律明文授权立法，后者指立法机关专门决定授权立法。职权立法的存在性本身尚存疑，亦有学者从宪法文本出发，赞同职权立法。〔1〕 行政检察监督必须考虑区分对行政法规、规章和一般行政规范性文件〔2〕的监督权限问题。由此，我们必须指明一条界限，界限之外须接受行政检察监督，界限之内则不得沾染。

---

〔1〕 我国宪法明文规定，国务院、省级地方国家权力机关和自治地方权力有制定行政法规、地方性法规和自治条例、单行条例的权力，也即，我国宪法以根本法的形式确认了这些机关职权立法的合法地位。但是，这种立法在权利来源、规范事项的范围、行使权力所受到的监督控制程度等方面，均不同于普通的授权立法，应作区别。参见金军瑞：《行政立法与授权立法关系问题刍议》，载《中共郑州市委党校学报》2006 年第 4 期。我国学界传统观点因宪法授权较倾向这一观点。

〔2〕 我国主流观点认为，行政行为以其对象是否特定为标准，分为具体行政行为和广义上的抽象行政行为，后者指行政主体针对不特定管理对象而制定具有普遍约束力的行政法律文件的行为，包括行政法规、规章和一般行政规范性文件。实际上，对于一般行政规范性文件的“普遍约束力”是存疑的，后文将提及。值得注意的是，本文严格区分广义和狭义两种“抽象行政行为”，狭义上的概念与“行政立法”（制定行政法规和规章）相斥，仅指制定行政法规和规章以外的一般行政规范性文件。此外，下文还在“行政立法”框架下提出“地方立法”，仅指制定地方政府规章。

此界限应突破所谓“行政立法”之权限和正当性而迈入效力之维，即逐一分析行政法规、规章和其他规范性文件等的“法律效力”问题。所谓“法律效力”，绝非片面指向对公民和行政内部的约束力，而是进一步包括对立法和司法的“普遍约束力”。申言之，如果只对公民和行政权具有绝对约束力，甚或仅约束特定地区之公民和行政权，难以谓之“普遍”；唯其全面规制公民、行政权和司法权等受控主体，尤其在司法裁判亦不得拒绝适用时，方可称作“普遍约束力”。奥托·迈耶就此提出，法律的内在拘束力是合宪性法律的基本特征，“法规创造力原则”或可解释“立法”和“行政”的根本区分。[1]

为避免上述学说争议，笔者还提出另一种路径解释行政检察与行政立法的关系。依据我国《宪法》《立法法》和人大专门授权所制定的行政立法，超出法律实施范畴，应归于宪法实施，不属于法律监督对象。根据我国《宪法》规定的全国人大及其常委会的宪治定位和具体职权，并参考《立法法》第 8 条至第 13 条的规定，行政立法权源主要可系于全国人大及其常委会修宪、释宪、立法、修法和重大事项决定权，可对应宪法授权、法条授权和专门授权，主要表现为：(1)行政机关依据宪法本身而为之立法活动(职权立法)，是由宪法赋予，乃宪法文本中国家机构条款的实施，超出法律实施而属于宪法实施范畴，监督权归于合宪性审查机关即全国人大及其常委会；(2)行政机关依据全国人大及其常委会制定的法律(法条授权立法)和立法机关专门授权(专门授权立法)进行的立法

[1] 参见王贵松：《论法律的法规创造力》，载《中国法学》2017 年第 1 期。

活动,本质是将宪法条款赋予全国人大及其常委会的立法权(保留事项)在一定期限内交由行政机关行使,亦属宪法实施范畴;(3)制定“一般行政规范性文件”(规章以下规范性文件)的行为无关宪法实施,属于法律实施、接受法律监督;(4)至于行政机关在职权立法范围外,为了执行狭义法律所制定的实施、执行细则,由于法律本身已进行第一次立法,所谓细则一般表现为实体内容的细化、拆分或程序性事项,只要不超出、不违背上位法,即具有正当性。但是,它们与授权立法决然不同(因为并无法律条文就此明确授权),又超出职权立法范畴,故属于“一般行政规范性文件”。

就此,我们可作如下区分:(1)对于“行政立法”,因具有法规创造力且超出法律实施范畴,故不纳入行政检察监督对象。其中,“行政法规”当然符合上述全部条件,法律监督机关无权干涉;从法院约束力角度看,规章似不符合迈耶所说的法规,但因我国《立法法》将其纳入立法范畴而具有法源地位,故也属于法律规范。[1] (2)“一般行政规范性文件”仅仅是行政机关的自我约束,对公民和法院没有普遍约束力,也未超出法律实施范畴,接受行政检察监督是合理正当的。实践中,行政检察监督的限度如何?这主要可细化为以下三个问题:第一,人民法院对于“一般行政规范性文件”进行的是附带性、被动型审查,那么,行政检察监督一般行政规范性文件是否与其协同和补充监督原则相冲突?第二,“地方政府规章”不同于国务院部委规章,它仅在本区域而非全国范围内具有

〔1〕 参见黄宇骁:《也论法律的法规创造力原则》,载《中外法学》2017年第5期。

必然约束力，那么，行政检察监督是否面向地方政府规章？如果不得直接干预地方政府规章，是否可以考虑间接影响？第三，在“行政立法”（制定行政法规和规章）不属于行政检察监督对象背景下，检察院是否有必要规制行政立法？

当前我国对抽象行政行为的控制主要依靠权力机关监督和司法监督。维护宪法、法律、法令、政令的统一性、秩序性和权威性，应当是“法律监督”的应有之义。笔者认为，未来可以探索检察机关监督一般行政规范性文件和地方政府规章的可能性。中华人民共和国成立初期，检察院曾短期内发挥过监督抽象行政行为的职能，可供未来改革借鉴。

另外，还须注意几个问题：第一，行政检察监督范围限于一般行政规范性文件，无权监督制定行政法规和规章，但可探索检察院间接影响地方政府规章的可能和路径。第二，检察院“协助监督行政法规和规章”与“行政检察监督”是截然不同的两项工作，前者仅限于协助而非取代合宪性审查机关，具有的是合宪性审查的提请权而不是审查权，基于人大制度根本遵循，决定审查、审查操作和认定是否合宪等职权仍归国家权力机关。第三，在提请程序上：（1）地方各级检察机关发现同级政府制定的“一般行政规范性文件”可能“违反上位法”或“明显不当”的，可通过有关检察措施督促地方政府在一定期限内修改或作出必要解释，并赋予其更多职权应对地方政府拒不修改或解释明显不充分的情况；（2）地方各级检察机关发现同级政府规章可能“违反上位法”的，层层报请最高人民检察院并由其决定是否提请合宪性审查要求；最高人民检察院发现行政法规或国务院部委规章可能违反上位法的，自行决定是否提请合宪性“审查要求”。

七、结语

本章欲讨论的四个关键问题，是法律监督体系逻辑之厘清、行政检察规范内涵之确定、行政检察监督边界之划清和行政检察监督体系之建构。我国检察内设机构的行政检察监督、实践中的更广泛意义上的行政检察监督、新兴的行政检察监督理论和当前司法改革的行政检察改革方向，都不完全符合行政检察的根本价值追求。这些关于“行政检察”的认知和建构，无法实现检察权对公共行政的有效规制。狭义法律监督的对象应该从“法律实施”层面出发，避免以偏概全、将行政检察监督等同为诉讼监督。可借此对法律监督先后进行两次分类：以活动“属性”为一级分类标准，行政检察监督和诉讼监督是构成狭义上法律监督的两个“周延且互斥”的具有相同价值追求和不同监督对象的一级下位概念；以“主体”为二级分类标准，行政检察监督是对“多方主体”实施“公共行政”过程中是否严格遵守法律的控制。以此为逻辑，行政执法活动和反腐败执法活动是行政检察监督当然对象，行政司法活动本质乃行政执法，一般行政规范性文件接受行政检察监督是应有之义，此外，还须涤除行政机关刑侦活动、监所活动和行政诉讼，检察院对拘留所监管活动的监督属于“行政检察”，监察委员会的调查活动虽有属性之争，但仍然难逃法律监督序列。

行政检察监督职能之归位,无法回避且必须直面以下问题:

第一,职务犯罪侦查权转隶后,检察机关如何在宪法法律中寻找新的有力依托和有效措施,实现检察权威、发挥与其在我国宪法体制中地位相匹配的检察职能?上文提出,行政检察监督一般行政规范性文件,那么,检察院以何权威监督之?此外还提到,探索以合宪性审查提请权协助合宪性审查机关监督国务院部委和地方政府规章。我国《立法法》第 99 条规定法律合宪性审查提请主体(审查要求提请权)包括国务院、中央军事委员会、最高人民法院、最高人民检察院和各省、自治区、直辖市的人大常委会共五类主体,但实际上它们至今从未行使该职权;至于审查建议提请主体则几乎不附条件地下放至所有社会主体,如此宽泛的规定导致的是尚无一例公开受理的范例。在此背景下,检察院合宪性审查权究竟如何行使才能够充分发挥价值、构建检察权威?除此之外,是否还有其他手段?

第二,国家监察体制改革后,监察委员会经全国人大常委会授权享有制定有普遍约束力监察法规的权力,这部法律不属于法律监督对象。那么,对此,行政检察监督的逻辑、路径和限度如何?行政检察监督一般行政规范性文件的未来模式能否被其吸收?再回溯一步,将一项宪法规范和制度落实于现实之前,我们须溯及立宪原意和宪法精神,从功能主义和目的论出发,为该制度寻找立足于现实社会和政治改革的根本基点,成为其融通于现有制度的根本准则。从行政检察监督制度出发,这就要明确法律监督的宪法目的和行政检察监督的价值追求。作为一项国家宪治职能存在的行政检察监督,其对"公共行政"的控制旨在维护宪法和法律完整统一正确实施,此种法律监督之价值追求则在于规制国家公权、保障公民权利和构建检察权威。如何对待规制公权和构建检察权威之间的耦合性和张力,如何在权力和权利之间寻求微妙的价值平衡。

第四章　检察机关参与行政公益诉讼理论与实践的若干问题探讨*

与过往对公共利益的保护相比，现阶段行政公益诉讼在多方面取得了突破。该制度在我国运行时间不长且欠缺有益经验，通过对实践中相关案例的分析，发现该制度存在亟待解决的一些问题，例如，受案范围狭窄而未达到公众对公益诉讼的期待，检察机关的特殊身份影响法院审判主导地位，缺乏检察机关承担败诉后果的规定以及过高的胜诉率将增加滥诉的风险等。探究以上问题的理论与现实逻辑，妥善解决试点中的种种困惑，才能化繁为简地构建常规化的行政公益诉讼模式，使其发挥理想的效果，成为保护公益的重要法器。破解以上实践难题，须完善具体的公益诉讼制度，进一步明确公益的范围，明晰检察机关参与公益诉讼的地位，有效处理检察机关、审判机关和行政机关之间的平衡。

---

* 本章原载《政治与法律》2016年第11期。

行政公益诉讼作为一种新型诉讼模式，伴随新一轮司法改革逐渐深化。司法改革本是一项涉及机制设置、权力机关协调等多方位的全面改革，需要一种宏观的、战略性的规划。[1] 行政公益诉讼与传统行政诉讼存在较大差别，监督行政机关依法行政对公共利益的保护大有裨益。

一、检察机关参与行政公益诉讼的缘起和现状

我国检察机关参与行政公益诉讼肇始于2014年10月召开的党的十八届四中全会，此次会议提出“探索建立检察机关提起公益诉讼制度”，由此，正式拉开了检察机关参与公益诉讼的序幕。要深入研究该制度，首先必须阐明检察机关参与行政公益诉讼的缘起和现状。

（一）公益诉讼与行政公益诉讼的缘起

公益诉讼在21世纪初引发我国理论界的广泛关注，有学者对其作了如下定义：“公益诉讼是任何组织和个人根据法律的授权，就侵犯国家利益、社会公益的行为提起诉讼，由法院依法处理违法行为的活动。”[2]

涉及公共利益的诉讼根据被诉主体不同，分为民事公益诉讼和行政公益诉讼。民事公益诉讼最早见于2012年《民事诉讼法》第55条的规定，[3] 主要针对污染环境和侵犯消费者利益的行为，用于解决平等民事主体之间的特定侵权纠纷。行政公益诉讼是国家积极作为论的产物，有

---

〔1〕 参见陈卫东：《未来五年我国司法体制改革的若干建议》，载《河南社会科学》2012年第2期。

〔2〕 颜运秋：《公益诉讼理念研究》，中国检察出版社2002年版，第52页。

〔3〕 我国《民事诉讼法》第55条规定：“对污染环境、侵害众多消费者合法权益等损害社会公共利益的行为，法律规定的机关和有关组织可以向人民法院提起诉讼。”

利于实现司法权与行政权之间的功能秩序，也并不违反无利益无诉权原则。[1] 与民事公益诉讼不同，行政公益诉讼是因为行政机关的违法行政行为或不作为破坏公共利益而提起的诉讼，其出现得稍晚一些，在2014年修订《行政诉讼法》时并没有规定行政公益诉讼的内容，而最早见于最高人民检察院于2015年7月2日公布的《检察机关提起公益诉讼试点改革方案》（以下简称《试点方案》）。[2]

（二）检察机关参与行政公益诉讼的现状

根据党的十八届四中全会提出的“探索建立检察机关提起公益诉讼制度”的构想，全国人大常委会于2015年7月1日发布《关于授权最高人民检察院在部分地区开展公益诉讼试点工作的决定》（以下简称《授权决定》）。凭借这一授权，检察机关参与公益诉讼终于从党内决策走向了国家行为，《授权决定》和《试点方案》初步勾画了检察机关参与行政公益诉讼的基本框架。实务界对公共利益保护进行了长时间的探索，在《授权决定》正式发布之前，就于2014年10月20日开启了检察机关参与行政公益诉讼第一案：贵州省金沙县检察院起诉县环保局，请求法院判令其依法履行职责；县环保局在接到法院的法律文书后，立即对行政不作为进行反思，采取措施予以补救；金沙县检察院经研究认为，通过提起行政公益诉讼督促行政机关履行职责的意图已经达到，遂于2014

〔1〕 参见姜涛：《检察机关提起行政公益诉讼制度：一个中国问题的思考》，载《政法论坛》2015年第6期。

〔2〕 《试点方案》不仅对行政公益诉讼的范围、参加人、程序和诉讼请求进行了初步规定，还对民事公益诉讼的相关内容进行了规定。

年11月4日撤回起诉。据时任最高人民检察院民事行政检察厅厅长郑新俭介绍,自2015年7月开展试点以来,截至2016年4月,各试点地区发现公益诉讼案件线索703件,其中,行政公益诉讼案件线索554件;检察机关对325起公益诉讼案件启动诉前程序,其中,行政公益诉讼案件为290件,行政机关已经履行职责或者纠正违法的为224件。[1]

我国正处在大变革时期,各种问题特别是在环境污染、食品安全、消费者权益保护等涉及公益保护的领域,仅通过普通诉讼渠道解决以上问题还不够,故加强公益保护,加快完善行政公益诉讼制度,是当前司法改革必须优先考虑的问题,也是理论界必须重点研究的课题。

二、检察机关参与行政公益诉讼若干问题检视

经过对部分省份案件的梳理及社会影响重大案件的分析,笔者发现,总体而言,检察机关内部改革自主性不足、参与度不高且与外部机关的整体协调配合不多。同时,在具体制度安排上也有待改进,例如,受案范围狭窄而未达到公众期待以及检察机关的特殊身份影响法院审判主导地位等。

(一)改革内部自主性不足

在全国人大常委会授权之后,各项改革方案制度设计主要由最高人民检察院制定,如确定试点区域试点时间、制定具体实施办法,总结试点

〔1〕 参见刘子阳:《稳步推进试点325起案件启动诉前程序——全国检察已提起公益诉讼15件》,载《法制日报》2016年4月14日,第3版。

改革经验教训等。据此,最高人民检察院是改革宏观规则和微观制度的制定者,改革尚存在内部自主性不足、参与度不高和外部整体协调不够两个问题。

地方检察机关自主性不足、参与度不高的原因在于两个方面。第一,检察机关参与行政公益诉讼是一场自上而下的改革。本次改革先由中共中央提出,再经全国人大授权,最后由最高人民检察院制定具体实施方案。在此过程中,地方检察机关参与度不够,不论是在改革总体思路的确定还是具体制度的制定中,尚缺乏地方检察机关尤其是省以下检察机关的直接参与。第二,部分地区不尊重司法规律,以下达任务的方式要求限期完成改革。行政公益诉讼改革作为司法改革的一部分,必须尊重司法的基本规律,改革本身需要在合适的条件下按部就班地推进,但部分试点地区的司法机关没有认识到司法改革与行政改革的差别,习惯于以行政命令的方式推进司法改革,往往揠苗助长而适得其反。例如,某试点省份要求市检察院在 2016 年 3 月之前至少提起一件行政公益诉讼,县检察院在 2016 年 6 月以前至少提起一件行政公益诉讼。

(二)检察机关的特殊身份影响法院审判主导地位

检察机关以公益诉讼人的身份提起行政公益诉讼,公益诉讼人不同于普通诉讼当事人,检察机关与诉讼并无直接利害关系,而是代表公共利益。不过,检察机关代表公益提起诉讼只是一种应然的理想状态,并不能说明检察机关的任何诉讼请求都符合公共利益的需要,更不能以保护公益为借口侵犯合法私益,故必须防止检察机关借公益之名行干涉审判之实。实践中,检察机关可能会为了胜诉而借助公益诉讼人的身份,并以行使法律监督机关的职责为由对法院审判造成影响。要避免上述问题，必须厘清检察机关在诉讼中的角色，检察机关虽然具有公益诉讼人和法律监督机关的双重身份，但此时二者有主有次，公益诉讼人的身份是主要的第一性的，法律监督机关是补充的、第二性的。因此，必须首先明确公益诉讼人的定位，从案件起诉到执行，检察机关都以公益诉讼人的身份参与诉讼，这是实现公益目标的主要手段。检察机关的法律监督权能是隐形的备用权能，不能恣意对个案审判施加额外影响，它主要是监督审判工作中审判人员违法行为和执行活动中的违法情形。法律监督机关的身份只是其享有诉讼权能的前提，但其并不是以这一身份提起诉讼，正如公民与行政机关因为民事争议产生的纠纷应该适用民事诉讼而不适用行政诉讼一样，并不能因为被告是行政机关就认定为行政诉讼，因为此时行政机关是以民事诉讼当事人的身份参与诉讼。

实践中，检察机关应摆正定位，作为公益诉讼人提起诉讼本身就是在履行法律监督机关的职责，实现保障公益维护公平公正社会秩序的目的。在诉讼中抛开案件本身施加额外影响，显然是法律所禁止的，会对个案公平造成不利影响，故在行政公益诉讼过程中，检察机关暂时“忘却”法律监督机关的身份，反倒有可能取得较好的效果，从而真正实现法律监督的职能。

（三）受案范围狭窄未达到公众对公益诉讼的期待

实践中，行政公益诉讼的受案范围依据《行政诉讼法》（2017 年修正）和《人民检察院公益诉讼办案规则》（以下简称《办案规则》）确定，《行政诉讼法》（2017 年修正）第 25 条第 4 款规定受案范围是“生态环境和资源保护、食品药品安全、国有财产保护、国有土地使用权出让等领域”。《办案规则》作了一定补充,将未成年人保护领域也归入至行政公益诉讼受案范围。笔者认为,以上受案范围不够全面,未覆盖某些亟待保护的公共利益,如弱势群体权益保护。梁上上教授认为:“在现代社会,弱者利益应该获得制度性的特别保护,是正义的体现,具有越来越重要的意义。”[1]弱势群体相对其他人群来说,合法权益更容易受到侵害,且缺乏自救措施,当弱势群体的劳动权等基本权利受到侵害时,急切需要公权力的救济和保护,此时被侵犯的基本权利具有公共利益的道义属性。有学者将妇女、儿童、老年人和残疾人等弱势群体的利益归结为“须特殊保护界别的利益,此乃公共利益的特殊存在形式,是社会均衡、可持续发展必须加以特别保护的利益”[2]。

(四)已有方案缺乏对检察机关承担败诉后果的规定

从行政公益类案件的判决来看,检察机关胜诉率较高,有些检察机关在胜诉之前,认为行政机关已经采取措施纠正了错误,公共利益受损的情形消灭,达到了预期目的,便以撤诉的形式结案。那么,检察机关提起行政公益诉讼一定会胜诉,而不用承担败诉风险吗?至少从诉讼理论来看是不一定的,任何诉讼都存在败诉的可能性,检察机关参与公益诉讼也不例外。其在公益诉讼中必须有足够的证据,证明行政机关的行为侵犯了公共利益,才有胜诉的可能,若证据不足则难以胜诉。当检察机

---

〔1〕 梁上上:《异质利益衡量的公度性难题及其求解——以法律适用为场域展开》,载《政法论坛》2014 年第 4 期。

〔2〕 韩波:《公益诉讼制度的力量组合》,载《当代法学》2013 年第 1 期。

关证据不足,又不能调解时,必然存在败诉的可能性。而当前关于行政公益诉讼规定没有说明检察机关败诉的后果,从诉权的平等性和诉讼的完整性来讲,显然是不合理的。另外,当检察机关败诉时,如果对判决不服,笔者认为,此时检察机关应该以普通诉讼参与人的身份提起上诉,不应过分享有特殊身份,以使上诉审查更加客观公正。

(五)实践中过高的胜诉率将增加检察机关的滥诉风险

检察机关参与行政公益诉讼胜诉率过高,极有可能增加检察机关提起诉讼的随意性而导致滥诉。同时,检察机关过高的胜诉率将加大法院的审判压力,使法院在作出对检察机关不利判决时慎之又慎,从而陷入胜诉率越高,法院越不敢轻易否定诉求,导致胜诉率更高的恶性循环。如何破解这一悖论,防范公益诉讼常规化之后出现滥诉的可能,关键在于检察机关必须严格按照法律和相关规定的要求,在符合条件并掌握初步证据的情形下,提起行政公益诉讼,原因在于:第一,检察机关毕竟是国家公权力机关,不同于普通的诉讼当事人,其参与诉讼承担的任务更为艰巨,社会关注度更高。囿于检察机关的特殊身份,《办案规则》明确要求检察机关提起公益诉讼必须提供相关证据材料,故检察机关在提起诉讼时,必须审慎思考、严格把关。第二,从防止检察权力过分膨胀的视角,检察机关亦不宜过多提起诉讼。权力天然具有扩张性,不仅行政权力如此,检察权力亦然,检察机关在改革中一定要谨记自身定位,防止在公益诉讼中扩张检察权,不正当地利用自身职权,频繁提起诉讼,干涉审判机关的公正审判,影响行政机关依法行政。检察机关任何一次诉讼的提起,都是对行政机关作为或者不作为的否定,必然会对行政机关的行政行为产生影响,行政公益诉讼频繁启动,使行政机关做出行政行为时慎之又慎,过多的考虑和犹豫不决会对正常的行政管理造成干扰,影响行政效率。另外,国家机关各司其职、分工合作,对于各国家机关处理自身权责范围内公务的权力应予充分尊重,除非证据充足,否则检察机关应该审慎行事,不轻易开启行政公益诉讼。

(六)缺乏行政公益诉讼与公务员法、政务处分法及刑事诉讼法的衔接

检察机关提起行政公益诉讼并胜诉,意味着行政机关违法行使职权或不履行法定职责,导致公共利益受到侵害。此时,会出现对行政机关责任人的后续处理问题,若是轻微违法违纪行为,应根据行政机关内部惩戒措施和监察机关的政务处分措施,依法追究责任;若违法行为严重甚至涉及犯罪,还会牵涉行政公益诉讼与刑事诉讼的衔接。实践中,与公务员法的惩戒措施、政务处分法的政务处分措施及刑事诉讼法缺乏衔接,可能导致行政公益诉讼中即使检察机关胜诉,因难以追究行政机关相关人员的责任,也不会对行政机关产生强有力的威慑,行政机关仍然会知法犯法,类似领域的公共利益可能仍然受到损害,从而削弱今后对公共利益的保护力度。

三、完善检察机关参与行政公益诉讼的初步设想

通过简要介绍检察机关参与行政公益诉讼的基本概况,结合当下行政公益诉讼试实践中出现的困难,笔者认为,对该制度的研究仍然处于边探索边改革的状态,须通过有效的制度构建尽快弥补实践中的不足之

处,使其日臻完善。

(一)处理好自主积极改革与改革整体协调

只有使行政公益诉讼的自主改革与司法改革的整体相协调,才能维护司法改革的统一性和权威性,避免司法改革内部的制度矛盾,体现司法改革的精神和要求。适时地推进司法改革,构建一个适应法治国家要求的现代司法体系,是法治建设的必然要求。[1] 改革者应避免站在自身或者本部门的立场思考改革,而要将改革置于整个社会变迁的大背景下,具备整体与部分系统思考的意识。主政者应该依照司法权的性质和司法制度发展的客观规律,提出总体发展战略和全方位、多角度、深层次的具体部署。[2] 党的十八届四中全会的主题是依法治国,正是在这次会议上开启了新一轮司法改革的浪潮。要使此次改革全面深入,必须将其置于整个司法改革的框架之内,统筹考虑综合协调,融汇本轮司法改革的精髓。例如,公益诉讼基于诉讼对象的不同分为民事公益诉讼和行政公益诉讼,但二者的出发点都是维护公益,对两者的政策规定大都出自同一规范性文件,如《授权决定》、《试点方案》以及《实施办法》等,可见二者之间关联密切。所以,在构建各自独立的诉讼制度时,应该加强协调、相互借鉴,注重二者一脉相承的共同点,力避相互矛盾、各自为政的碎片化改革。

---

〔1〕 参见刘茂林:《中国宪法导论》(第2版),北京大学出版社2009年版,第343页。

〔2〕 参见陈卫东:《未来五年我国司法体制改革的若干建议》,载《河南社会科学》2012年第2期。

(二)积极协调检察机关与其他组织在诉讼中的衔接

有学者提出:"可以将行政公益诉讼的适格原告定位于公民、社会组织以及国家检察机关。"[1]因此,如何在行政公益诉讼中使检察机关与其他组织相互衔接以更好地发挥效果,是当下亟待解决的问题。在今后的实践中,如果能参考民事诉讼和刑事诉讼的相关规定,由检察机关和具有密切联系的其他组织共同作为原告参加诉讼,或者由其他组织提起公益诉讼、检察机关支持起诉,使公权力代表的检察机关和私权力代表的社会组织共同参与,将促使公私权力在诉讼中有效合作,从而体现公开公正。随着经济发展社会物质条件的变化,法律纠纷趋于复杂,有时需要专业组织参与以提供技术支持,因而在未来的行政公益诉讼立法中,明确其他社会组织的参与方式是十分必要的。[2] 检察机关具备丰富的法律知识并精于诉讼实践,其他组织则有相当高的技术水平和业务能力,二者合作有利于促进资源整合保护公共利益。如在环境污染案件中,环保组织相对其他主体来说,具有专业的环保知识,对污染程度的测算及污染物品的采集等更熟悉,即便环保组织尚不能直接参与诉讼,通过与检察机关密切配合提供帮助,同样有助于公益诉讼案件的解决。[3]

---

〔1〕 黄学贤:《建立行政公益诉讼应该解决的几个问题》,载《苏州大学学报(哲学社会科学版)》2008 年第 3 期。

〔2〕 有学者认为,在环保领域、消费者保护领域和劳动者保护领域等,可以赋予具备一定资格的团体组织诉权,以解决环境污染、消费者权益纠纷,维护公共利益。参见刘学在:《请求损害赔偿之团体诉讼制度研究》,载《法学家》2011 年第 6 期。

〔3〕 民主的意义恰恰在于,通过不同团体间的观念碰撞,使理性有更多的机会发出声音。检察机关与其他组织相互配合,共同作出决策,显然比检察机关单枪匹马地作出决策更有优势。参见刘瑜:《民主的细节》,上海三联书店 2009 年版,第 171 页。

(三)明确界定公益定义并适度扩大受案范围

公益的定义与公益诉讼受案范围息息相关,公益范围变宽必然扩大公益诉讼的受案范围。公共利益概念的不确定性使处于模糊地带的公共利益无法通过检察机关提起公益诉讼的方式得到保护。[1] 建立公益诉讼制度,如何界定公益的范围是无法回避的问题,实践中对明确公共利益含义的需求已非常紧迫,理论界对公益的不同定义,并不妨碍实践中通过立法明确公益范围。当前需要思考的是,如何合理界定公益范围,既能尽量保护公共利益,又使公益诉讼在可接受的范围,防止片面扩大公益解释造成公益滥诉,以及公益范围过小造成公共利益保护不足的困境。[2] 公益诉讼的主要目的是保护公共利益,从实践案例来看,当前对公共利益的保护范围还不能满足人民群众对公共利益保护的期待。这或许是由于立法者希望通过以点带面的实践积累经验,最终制定公益诉讼法律时再扩大公益诉讼的受案范围。那么,当试点制度已然成熟而转变为常规制度时,如何更好地定义公益明确受案范围?笔者认为,实践中对公共利益的界定无外乎立法安排和司法实践,即通过在法律条文中明确界定公益的范围或者在司法审判中累积经验逐步确定公益范围。笔者倾向于通过立法安排来界定公益范围:一是因为在专门法律中确定

---

[1] 参见黄凤兰:《对检察机关提起公益诉讼的再质疑》,载《中国行政管理》2010 年第 12 期。

[2] 行政公益诉讼作为行政诉讼的一种特殊模式,受案范围不能过于狭窄。受案范围过窄,无法解决现实生活中不断增加的利益保护,也与行政诉讼的立法目的相悖,使行政诉讼逐渐失去活力。参见莫于川等:《我国〈行政诉讼法〉的修改路向、修改要点和修改方案》,载《河南财经政法大学学报》2012 年第 3 期。

公益的范围权威性较强、耗时较短、法律位阶较高,符合我国成文法的传统;二是从维护法律体系的统一性来讲,立法安排更能保证法律体系的统一,防止各地司法机关裁量尺度的不同造成公益范围的变动。[1] 在选择立法安排模式后,还应适度扩大公益诉讼的受案范围,但要反对无限扩大受案范围的观点,“司法权同行政权、立法权的划分只有相对的意义,尤其在司法和行政之间”[2],既要考虑当前司法审判的实际能力,又要考虑受案范围扩大的背后,必然带来检察权力的扩张,稍有不慎便会造成检察权力的滥用。

(四)完善检察建议以使其作为常规手段

检察建议是检察机关行使法律监督权的重要手段,通过检察建议的形式,促使法益得到保护,能节约宝贵的司法资源。我国《行政诉讼法》《人民检察院组织法》《人民检察院公益诉讼办案规则》都对检察建议作出了相应规定。根据上述规范,检察建议是行政公益诉讼的前置程序。作为公益诉讼程序的一部分必须规范检察建议的行使权限和内容,部分地区的检察院通过提出检察建议,督促行政机关纠正违法行为,取得了较好的效果。一般而言,行政机关接到检察建议后,基本能按照建议的内容,及时处理违法行为,防止公共利益继续受损,这也是当前行政公益诉讼难以进入诉讼阶段的重要原因。实践中,如何合理安排检察建议使

---

〔1〕 我国并没有判例法的传统,也不承认审判机关的立法权,公益范围的界定在理论界本就有较大的争议,因此,短期内审判人员在一定程度上缺乏在司法实践中逐步确定公益范围的能力。

〔2〕 王广辉:《比较宪法学》,北京大学出版社 2007 年版,第 409 页。

其发挥最佳效果仍然值得深入思考。笔者认为,检察机关在参与公益诉讼时,不仅要把检察建议作为一项前置程序,更应使其成为一种常规手段,而将提起公益诉讼作为备选方案。唯有如此,才能节约宝贵的司法资源,促进司法效率的提高。同时,还应该有效监督检察建议,尤其要明确当检察建议不合理、行政机关提出异议时该如何操作。因此,今后必须进一步明确检察建议的监督方式和补救措施,使检察建议具有可操作性愈加规范。

(五)充分发挥检察机关人员的积极性主动性

正因为行政公益诉讼没有直接的利益受损者,难以产生个体或群体与利益诉求间直接的关系,故公众缺乏对诉讼过程和诉讼结果的特别关心和监督。检察机关在诉讼中所发挥的作用不亚于普通诉讼当事人,既能提起诉讼请求,参与诉讼审判,还能提出检察建议和抗诉,因此,检察机关能参与行政公益诉讼的各个环节,并发挥不可替代的作用。若检察机关怠于履行自身职责或者不当履行自身职责,将给公益诉讼带来不可估量的损失,又因缺乏直接利害关系人的监督和关注,还有可能逃脱法律的制裁。因此,今后在行政公益诉讼中,必须既坚持检察一体原则,又充分发挥检察机关办案单位和人员的积极性主动性。

检察机关参与行政公益诉讼有赖于工作人员履行自身岗位职责,积极发挥公益诉讼人的作用,因而可从以下几方面改进:第一,健全检察机关参与公益诉讼的监督措施。当前,检察机关参与公益诉讼的各项过程具有较大的自由裁量权而缺乏必要的监督措施。例如,检察建议的提起是检察机关根据自身对案件事实和相关法规的运用向行政机关提出,对其内容缺乏外部监督，检察建议能否减少公共利益的损失也缺乏衡量标准。第二，完善检察机关工作人员参与行政公益诉讼奖惩措施。只有存在切实可行的奖惩措施，才能既激励工作人员认真办案积极履行检察机关职能，又防止工作人员因为缺乏惩戒措施，在诉讼中恣意行使自由裁量权，从而不能审慎认真地参与诉讼。第三，完善下级检察机关和工作人员在政策制定中的参与权。当前各项方案制度，基本由最高人民检察院制定，下级检察机关和工作人员的参与程度较低，使政策的制定难以体现基层第一线办案人员的意见建议。若能在宏观政策制定中，强化基层检察机关和第一线办案人员的参与度，将提高办案人员的积极性和主动性，使出台的政策更符合实际情况。

四、结语

对一项发展中的制度，学界应该少一些苛责多一些包容，少一些诋毁多一些鼓励，如此方能使其茁壮成长、愈加完善。就我国行政公益诉讼而言，需要理论界和实务界仔细关注、细心呵护，但并不意味着对改革中出现的问题可以视而不见、充耳不闻，而应该深入研究其在实践中的发展，逐步完善公益诉讼制度。行政公益诉讼在我国从无到有，从理论到实践都取得了较快的发展，已有不少案件和大批数据可供学界去探究。正如何海波教授所言："然而通往法治的道路并不见得因此一马平川，因为法治镶嵌在一个社会的政治、经济和文化结构中，决非几人之力就能成功。"[1]随着时间推移，越来越多的矛盾正慢慢浮出水面，如果不能妥善处理实践中出现的种种问题，那么公益诉讼的初衷和愿景将难以实现。

---

〔1〕 何海波：《行政法治，我们还有多远》，载《政法论坛》2013年第6期。

第五章 全面深化改革背景下检察机关的宪法定位*

我国宪法法律规定，人民检察院是国家的法律监督机关，依法独立行使检察权，承担保障法律正确实施、维护法制统一和尊严的重要职责。尽管检察院的职权性质还有司法权、行政权、多权合一和法律监督权等认知分歧，但至少在宪法定位上，宪法已经从“国家机构组织形式制度”层面直接将检察院明确为“法律监督机关”。这种检察制度和检察院定位，有其深刻的社会时代背景。近年来，随着宪法修改、司法体制改革和监察体制改革进一步展开，面对全面深化改革的新形势，如何找准定位、实现应有功能，成为不仅关乎检察院自身，而且影响改革全局的重要问题。

---

* 本章原载《中国法律评论》2017 年第 5 期。

一、人民检察院之宪法定位的历史及现状

我国检察机关最终成为我国“法律监督机关”之定位并非一蹴而就。第一阶段是中华人民共和国成立初期,我国检察机关的职能由“原来的单纯的侦查起诉、检举犯罪”扩大至“对政府机关、公务人员和全国国民之严格遵守法律”负“检察责任”(见表5-1)。[1] 第二阶段是从1957年到1978年,检察机关的活动在特定社会历史环境下逐渐被取代。第三阶段是“文化大革命”结束后,1978年《宪法》恢复了检察机关,1979年修改《人民检察院组织法》时取消了“一般监督”规定,1982年《宪法》则对其重新定位为“法律监督机关”并延续至今,一般监督职能则转交国家权力机关。

表5-1　我国检察制度形成的第一阶段

时间	文本	职权
1949年9月	《中央人民政府组织法》	第28条　最高人民检察署对政府机关、公务人员和全国国民之严格遵守法律,负最高的检察责任

〔1〕参见刘宗珍:《理解检察权:语境与意义》,载《政法论坛》2015年第5期。

续表

时间	文本	职权
1951 年 9 月	《中央人民政府最高人民检察署暂行组织条例》	第 2 条　中央人民政府最高人民检察署,为全国人民最高检察机关,对政府机关、公务人员和全国国民之严格遵守法律,负最高的检察责任。 第 3 条　最高人民检察署受中央人民政府委员会之直辖,直接行使并领导下级检察署行使下列职权:(1)检察全国各级政府机关、公务人员和全国国民是否严格遵守中国人民政治协商会议共同纲领、人民政府的政策方针和法律法令;……
1954 年 9 月	《人民检察院组织法》(已失效)	第 3 条　最高人民检察院对于国务院所属各部门、地方各级国家机关、国家机关工作人员和公民是否遵守法律,行使检察权。 第 4 条　地方各级人民检察院,依照本法第二章规定的程序行使下列职权:(1)对于地方国家机关的决议、命令和措施是否合法,国家机关工作人员和公民是否遵守法律,实行监督;……

从“一般监督”到“法律监督”之定位的转变,蕴含着检察院职权及检察对象的巨大变化。一方面,我国检察院“法律监督机关”之表述有其深刻的社会时代背景。另一方面,中华人民共和国成立初期我国检察院的检察职权从严格意义上讲,早已超越了一般意义上的诉讼监督权,而一定程度上向合宪性审查方向迈进;1979 年《人民检察院组织法》和 1982 年《宪法》中“法律监督机关”之定位表述,则是对检察院职权和检察对象的限缩。

理解当前“法律监督机关”这一定位,至少须从三个层面着手。第一,“定位”与“定性”的概念分野,具体到检察制度上即“法律监督机关”

和“法律监督权”的关系。从语义来看,“定位”倾向于从“国家机构”的序列中对“检察院”作出“法律监督机关”的定位,“定性”则倾向于从“国家权能”上对“检察院的权能”作出“法律监督权”的框定。[1] 第二,就“法律监督权”和“检察权”之间的关系而言,存在一元论和二元论的不同认识,即二者本质上是否具有一致性。二元论主张法律监督权与检察权并列,任何一方都无法涵盖另一方;一元论则认为一切检察活动都是法律监督活动的具体形式,全部检察权可统一于法律监督权。笔者认为,“法律监督权”是从我国宪法文本对检察院之定位出发,进而与传统意义的“检察”一词作对比;“检察权”则是从传统的“检察”概念出发,进而解释我国宪法文本规定的“法律监督”。这种路径上的差异,应该说并未影响其本质和范畴。持一元论和二元论者的最大争议可能源于对“法律监督”之范畴的理解,不同语境下对此可作广义和狭义的区分:“法律监督机关”对应的“法律监督权”当然应从广义上理解;狭义的“法律监督”职能排斥于公诉和侦查职能之外;还有人进一步将其限缩为刑事诉讼领域的法律监督,这可谓最狭义的定义。

检察院作为一种专门的法律监督机关,乃由我国宪法创设,因此,想要真正解释当前我国的检察制度,就要具体到我国特色的宪治结构中观察。首先,我国宪法明确规定人大是国家权力机关,“一府一委两院”由其产生,对其负责,受其监督。因此,这种一元宪治结构背景和“议行合

[1] 参见陈云生:《我国宪法检察“机关定位”及其意义探析》,载《法治研究》2012 年第 1 期。

一”的政治体制，决定了在我国权力机关和检察机关之间是决定与执行、监督与被监督的关系，二者存在位阶和性质上的差异，权力机关的法律监督权是最高层次的监督权，检察机关由其产生，对其负责，并成为专门法律监督机关。其次，至于“法律监督机关”对应的职权属性，如果要在权力机关之下作出高低衡量，或可将其职权拆分为二：狭义的法律监督职能〔1〕和宪法规定的办理刑事案件“分工负责、互相配合、互相制约”所涉及的职权。前一职权单向地指涉“监督”公安机关、法院和监狱等，此时检察机关定位略高于审判机关；后一职权则约等于或略低于司法审判职权。〔2〕

二、人民检察院之宪法定位的影响因素

党的十八届三中全会提出，全面深化改革的基本点是“完善政治体制，破除体制内弊端”。随着以司法体制和监察体制改革为代表的政治体制改革逐步深入，新形势下检察院何去何从，成为检察院自身和改革全局必须面对的重大问题。目前来看，影响我国人民检察院宪法定位的主要有三大因素：法治结构之变革对检察院宪法地位产生影响；职权措

---

〔1〕 此处所谓“狭义的法律监督职能”，不包含公诉和侦查职能。

〔2〕 有两处值得说明。第一，该理论将我国检察院职权参照人民法院划分为三层级结构，即层级略高于司法审判的法律监督和诉讼监督权，层级约等于司法审判的批捕权、直接受理案件侦查权和审查起诉权，以及层级略低于司法审判的派员出庭行使公诉权。第二，此处所谓“法律监督职能”取狭义，即人民检察院单向“监督”其他机关的职能，主要包括立案监督、侦查监督、审判监督、执行监督等。参见封安波：《论我国检察权的“三层级”结构——基于〈宪法〉与〈刑事诉讼法〉衔接的考量》，载《法学家》2015 年第 4 期。

施之变更在一定程度上影响检察权威并使法律监督效果；社会功能之变迁对检察院工作提出更高的要求。

（一）我国法治结构之变革

检察院的宪法定位，归根结底就是检察院在我国宪治结构中的地位问题。监察改革全面展开后，监察机关与行政机关、司法审判机关和法律监督机关同处一个层级，在全面范围内设立监察委员会涉及我国人大制度这一根本政治制度的重大变革，当然需要宪法保障。

这一变革对检察院的影响在于，我国宪治结构将从权力机关之下的“一府两院”变为“一府一委两院”，不同机关之间原先的宪法关系和现实关系将面临重大变化。具体表征如下：其一，最根本的问题是“法律监督机关”之宪法定位的存废问题；进一步地讲，2018 年宪法修正后该定位虽被保留，但其宪法意涵是否变更？其二，《宪法》规定，公安机关、人民法院、人民检察院办理刑事案件“分工负责、互相配合、互相制约”，监察体制改革后，《宪法》（2018 年修正）增加第 127 条规定，监察机关办理职务违法和职务犯罪案件，应与审判机关、检察机关、执法部门“互相配合，互相制约”，主体扩容为四类。此外，以审判为中心的刑事诉讼制度改革，虽未直接触动宪治结构和影响检察院的宪法定位，但对检察院之现实地位仍有一定影响。检察院必须找准新形势下自身宪法定位，处理好与行政机关、监察机关和司法审判机关之间的法律关系和现实关系。

（二）检察职权措施之变更

我国检察院现有职权主要是法律监督（狭义）职权、批准逮捕职权、侦查职权、审查起诉职权和公诉职权。实际上，类似“取消侦查权”“增设公益诉讼权”“强化司法监督权”的建议很早就有人提出。[1] 多轮改革之下，检察院的职权面临双重变化：

一是“减损”：监察体制改革后，原来属于检察院的职务犯罪侦查权从检察院转移至监察委员会；二是“增益”：(1)党的十八届四中全会要求探索建立检察机关提起公益诉讼制度，改革试点自2015年7月启动，2017年6月27日，全国人大常委会通过《关于修改〈中华人民共和国民事诉讼法〉和〈中华人民共和国行政诉讼法〉的决定》，正式建立起检察机关提起公益诉讼制度，案件范围囊括环境、民事和行政等；(2)党的十八届四中全会还提到“行政检察”制度，“检察机关在履行职责中发现行政机关违法行使职权或者不行使职权的行为，应该督促其纠正”。这种检察机关对行政权的监督，突破了集中于行政判决诉讼监督的传统行政检察范畴。[2] 此外，省级以下地方检察院人财物统一管理制度，也在一定程度上加强了检察工作的独立性，亦可理解为职权的增益。

但是，实践中不得不面临检察院的现实权威考量问题，如有学者所言，真正影响检察权强弱的，其实是有无对职务犯罪的侦查权和有无对行政行为（包括具体行政行为和抽象行政行为）和地方立法的法律监督权。[3] 当前问题如下：其一，尽管我国检察院的法律监督（狭义）职权在其诸职权中层级最高，但与其对应的提出检察建议和发布纠正违法通知

---

〔1〕 参见周菊：《我国检察权性质定位的再思考》，载《岭南学刊》2010年第2期。

〔2〕 参见湛中乐：《三个层面构建科学的行政检察监督体系》，载《人民监察》2015年第2期

〔3〕 参见张智辉、谢鹏程：《现代检察制度的法理基础——关于当前检察理论研究学术动态的对话》，载《国家检察官学院学报》2002年第4期。

书之措施缺少实际强制力，监察体制改革前检察院的现实权威很大程度上源于职务犯罪侦查权及有关措施；其二，就职务案件调查（侦查）而言，由于监察委员会有权自行决定或批准留置措施，则检察院所谓批准逮捕权其实并未对其产生制约效果；其三，即便检察院的行政检察职权扩张并且具有公益诉讼职权，但仅凭检察建议和纠正违法通知书亦很难使其发挥实效。可见，将职务犯罪侦查权剥离后，检察院缺少落实法律监督职权的重要手段，权与能的协调匹配则成为关键问题。

（三）检察社会功能之变化

2014年，中央全面深化改革领导小组第二次会议强调“深化司法体制改革，促进社会公平正义”。正义是国家社会亘古不变的话题。中国改革发展必须直面的一个问题是，在谋取最大多数人的最大幸福同时，如何有效保障社会正义。检察院作为“法律监督机关”，承担保障法律正确实施、维护法制统一和尊严的职责；根据《人民检察院组织法》（2018年修订）的规定，我国检察院承担着维护国家安全和社会秩序，维护个人和组织的合法权益，维护国家利益和社会公共利益，保障法律正确实施，维护社会公平正义，维护国家法制统一、尊严和权威以及保障中国特色社会主义建设的顺利进行的责任。无论在国家、公民和社会哪一层面的职能，本质上与公平正义等价值有关。

通过个案正义促进社会公正，是检察院发挥社会功能的传统模式，具体表达为检察院通过行使侦查、审查起诉、公诉和诉讼监督等职能，“让人民群众在每一个司法案件中感受到公平正义”。这种传统功能定位，在社会效果上集中于社会管理和公民权利，具体指向上以保证个案效果为主,但教育功能发挥得不充分,在以个案推动公民法治思维和社会法治理念进步上做得还不够。

发挥好教育功能以推动社会公正,是改革对检察院工作提出的更高要求。党的十八届四中全会提出“谁执法谁普法”的普法责任制,目前司法改革正在探索检察官“以案释法”制度,要求“利用办案各个环节宣讲法律,及时解疑释惑”,收集典型案例以发挥引导、规范、预防与教育功能,以法律进机关、进乡村、进社区、进学校、进企业及进单位等为载体,开展经常性以案释法活动。[1]

三、人民检察院之宪法定位的未来走向

目前,司法体制方面的不少改革举措已步入总结推广阶段,监察体制改革已将职务犯罪侦查权从检察院抽离。后续改革须注意检察院的宪法定位、现实地位和社会功能等问题,为此,须从宪法法律中寻找新的依托,重构检察院职权体系和具体措施,建立起与宪法定位相匹配的现实地位。

第一,要坚持检察机关“法律监督机关”之宪法定位。在全面深化改革背景下,政治体制改革顶层设计应该以宪法为逻辑起点,法律监督机关的宪法定位不应动摇,更不得违背人大制度这一根本遵循。检察院从“一般监督”转化为“法律监督”,相应职权亦已产生一定限缩,当前定

---

〔1〕 参见《关于实行国家机关“谁执法谁普法”普法责任制的意见》,载中国政府网,http://www.gov.cn/zhengce/2017-05/17/content_5194741.htm。

位符合我国一元宪治结构和法治发展的需要；监察体制改革后，国家监察委员会行使的是职务类刑事案件的调查权，不涉及检察院现有的法律监督（狭义）职能。在宪法层面，检察院应继续保留“法律监督机关”之定位，履行保障法律正确实施、维护法制统一和尊严等职责，包括维护宪法、法律、法令、政令的统一性、秩序性和权威性，维护公平正义，制约公权、保障人权。

第二，要实现检察机关“法律监督机关”之宪法定位，必须要从宪法法律中寻找“有力依托”和“有效措施”，保障与宪法定位相匹配的现实地位。此前不少学者曾针对当前我国检察院实际履行的核心职能主要限于刑事司法领域的现状提出了相应意见，如“全面复原、充分发挥、及时回归检察机关的法律监督权能，树立‘大检察’格局”[1]，从立法、执法、司法和守法 4 个环节实现有效的法律监督。[2] 监察体制改革后，检察院失去职务犯罪侦查权，作为法律监督机关的现实权威不免减损，若要寻找“有力依托”以匹配宪法定位，或许实现法律监督原有权能是一条直接有效的道路；如此，行政检察职能扩张和公益诉讼改革则是其中重要一步。然而，还须解决现有的检察建议和行政违法通知书等措施很难为其建立实际权威这一问题。对此，笔者有以下几点建议：

---

〔1〕 王文生、徐岱、刘平：《论检察机关法律监督权能之回归——“大检察”格局之构想》，载《当代法学》2008 年第 5 期。

〔2〕 有学者指出，检察机关的现有实际权力与检察机关的宪法定位之间的差距悬殊，使检察机关的宪法定位显得“名不副实”。我国的检察权应对上述四个环节均进行有效监督，进而实现检察机关的宪法定位“名副其实”。参见任文松、王晓：《社会主义法制视角下的检察权设计》，载《山东师范大学学报（人文社会科学版）》2010 年第 5 期

首先,从法律监督对象集中于司法和个别执法环节,到构建全面涵盖立法、执法、司法和守法四个环节的法律监督体系。现行法律关于检察权的规定主要集中在司法和个别执法环节,对于立法、守法和大部分的执法环节缺乏监督。[1] 1949 年以后的一段时期,检察院曾发挥过监督抽象行政行为的职能,未来改革可借鉴其中一些经验。

其次,赋予检察院协助国家最高权力机关行使宪法监督权的职能。这不仅可为检察院构建职能权威,也有助缓解我国法律合宪性问题难以解决、宪法制裁措施的制裁性较弱和合宪性审查机关"无案可审"之间的矛盾。至于协助方式,有参与合宪性审查和行使合宪性审查提请权两种,考虑到我国宪治结构特殊性,合宪性审查提请权比较符合实际情况。在具体操作上,检察院对地方立法不符合宪法规定的行使检察权并层层报请最高人民检察院,由其向全国人大及其常委会提请合宪性审查。

最后,为实现上述职权,还须强化原有检察措施或增添新的检察措施。一方面,检察措施须具备更强的约束力,如在不履行检察建议和行政违法通知书时须承担更严重的法律后果;另一方面,假如赋予检察院合宪性审查提请权,则现有检察措施和手段都很难发现和查实有关问题,可考虑增添新的检察措施。对此,还可进一步讨论最高人民检察院行使合宪性初查权的可行性。

第三,要注意处理好几对关系。首先,要处理好检察院内部的关系,

---

〔1〕 参见任文松、王晓:《社会主义法制视角下的检察权设计》,载《山东师范大学学报(人文社会科学版)》2010 年第 5 期。

主要是平衡好检察工作一体化和检察办案独立化之间的关系；其次，要处理好检察院与其他国家机关的关系，尤其在行使行政检察职能时要处理好与行政机关专业自主性的关系，在办理职务类刑事案件时要处理好与监察机关和司法审判机关的关系；最后，还要处理好检察院与公民、社会的关系，主要是充分发挥检察院的教育功能和普法职能。

四、结语

新形势下，我国检察院宪法定位同时受到国家宪治结构变革、检察院职权措施变更和社会功能变迁等因素影响。监察改革并不涉及检察院现有的法律监督（狭义）职能，“法律监督机关”之定位不仅契合我国一元宪治结构，也符合社会主义法治发展的需要，由此，检察院未来应继续保留现有宪法定位，履行保障法律正确实施、维护法制统一和尊严等职责。但是，职务犯罪侦查权转移后，检察院如欲真正实现“法律监督机关”之宪法定位和现实权威，还需要从宪法法律中寻找“有力依托”和“有效措施”。

总之，检察院作为专门的法律监督机关，是由我国宪法创设；这种特色检察制度和检察院定位，根植于我国历史条件和社会时代背景。因此，未来改革也必须从我国实际情况出发，以我国根本政治制度为基础，把握好社会主义法治发展方向，最终实现法律统一正确实施、维护社会公平正义。

第六章　人民监督员制度与人民陪审员制度之关系*

有研究者以人民陪审员制度为蓝本,对人民监督员制度的发展进行了预设,重要观点如下:其一,以人民陪审员的制度设计评价人民监督员制度设计,并作为人民监督员制度合法性的论证方式。其二,借鉴人民陪审员制度中人民陪审员意见的刚性约束力,赋予人民监督员监督意见的刚性约束力。其三,借鉴人民陪审员的选任机制、权利享有内容、参与审判机制、人民法院对人民陪审员的管理模式和培训模式等具体制度设计,完善人民监督员制度。其四,借鉴人民陪审员制度经由全国人大常委会决定,最高人民法院制定具体实施办法并在诉讼法中加以规定的法制化路径将人民监督员制度法制化。[1] 事实上,人民陪审员制度对人

---

* 本章原载《国家检察官学院学报》2009 年第 2 期。

〔1〕 参见周永年主编:《人民监督员制度概论》,中国检察出版社 2008 年版,第 362 ~ 365 页。

民监督员制度之可借鉴性，根本上取决于两种制度性质定位的区别及由此决定的两种制度的共性与差异。

一、人民监督员制度从人民陪审员制度寻求合法性依据观点之评析

两种制度产生过程的差异性决定，既不能以与人民陪审员制度的相似性作为论证人民监督员制度的合法性的依据，也不能比照人民陪审员制度合法性论证方法来加以论证。陪审制度在我国最早付诸实践是在1930年。[1] 1949年以后人民陪审员制度继续沿用，虽历经曲折，但2004年8月全国人大常委会通过了《关于完善人民陪审员制度的决定》，使存废之争尘埃落定。实施人民陪审制度的传统和法制成为人民陪审员制度的合法性的重要依据。而人民监督员制度则是检察机关的自主制度创新，从历史传统之中并不能找到如人民陪审员制度一样的坚实依据，且由于其依据检察机关内部规范性文件设立，没有如《完善人民陪审员制度的决定》及三大诉讼法中相关条文等具有法律效力的规范性文件的直接依据，所以，必须寻找新的合法性论证方式。且人民陪审员制度自身也存在与人民监督员制度相似的尚未解决的问题，人民监督员制度还存在人民陪审员制度所没有的新问题，由此决定不能以人民陪审员制度设计来评价人民监督员制度。人民监督员制度的合法性更多从

[1] 参见刘德兴：《人民陪审制度：历史、现状及其完善》，载《四川师范大学学报（社会科学版）》2008年第2期。

法理层面和现实需要层面获得,可以从其法理基础、人民监督员制度的功能及人民监督员制度在宪治框架下的生存空间等方面进行论证。

二、刚性约束力借鉴观点之评析

依据最高人民检察院的规范性文件,人民监督员制度中人民监督员的评议结果和建议对检察机关而言并没有实体上的刚性约束力,其效力取决于检察长和检察委员会是否采纳。监督结果实体刚性约束力的缺失使其监督效力大打折扣,[1]已成为对该制度质疑的一个重要内容。有研究者指出,有必要借鉴人民陪审员制度,赋予人民监督员监督结果的刚性约束力,[2]具体的方案如,将检察机关不接受人民监督员监督决定时,"可以"启动上级检察院的复核程序改为"应该"启动复核程序,甚至有学者要求将人民监督员制度从权利监督转变为权力监督。此类观点的合理性程度需要通过两种制度的比较方法加以评析。

从性质定位上讲,两种制度都具有权利性质,且在某种意义上也是一种社会权力,其能够直接分享一部分国家权力,需要如权利一样拒绝国家公权力的侵犯,同时也需要对其加以规制,并且严格限定其所分享的国家权力的范围。不同的是,两者属不同权利层面,对国家公权力的分享程度并不相同。人民监督员制度是对具有民主正当性权力的第二次防御,人民陪审员制度则是直接民主的体现形式。人民陪审员所行使

〔1〕 参见徐国平:《人民监督员制度的三个完善》,载《检察实践》2004 年第 4 期。

〔2〕 参见龚珊:《人民监督员的定位》,载《方圆法治 · 人民监督员专刊》2008 年第 2 期。

的是直接依据人民主权原则所产生的民众参与国家管理的权利,是宪法中参加管理国家事务权利的具体实现方式,注重民主方式的直接参与管理;人民监督员制度则是监督权中批评建议权的行使方式,侧重采用民主方式的权力监督。尽管人民监督员制度也具有参与的功能和意义,人民陪审员制度也具有权力监督的作用,但两者的侧重点不同。这是由司法审判权与检察权自身的差异决定的。

从制度作用对象上讲,司法审判权与检察权有各自的运行规律。法院所行使的核心权力是居中裁判权,人民陪审员所能够参与的是采用合议方式的审判程序,合议庭为人民陪审员提供了自主发表意见、沟通协商的制度环境,人民陪审员的参与不会影响审判程序的正常进行,且能够在讨论沟通又独立判断的基础上形成法律工作者的法律思维与普通民众的常识判断、专业知识和公众情感之间的平衡点。而人民监督员目前只针对检察机关的自侦案件行使监督权,检察机关侦查权行政化的运行规律和检察长负责制下,自侦程序已成为各尽其职、各负其责、环环相扣的封闭系统,不太可能为人民监督员提供直接参与的环境,否则必然打乱侦查程序的正常运行,尤其是当人民监督员意见与检察机关不一致时,必然会出现是服从本级或上级检察长或检察委员会的意见,还是听从人民监督员的意见的冲突,这将极大影响检察权的独立高效行使。将检察机关不接受人民监督员监督决定时,"可以"启动上级检察院的复核程序改为"应该"启动复核程序的观点,实际上剥夺了人民监督员的选择权利,且与下文规定具有重复性。《最高人民检察院关于实行人民监督员制度的规定(试行)》(以下简称《规定》)中第26条就文本意义而言,具有3层含义:一是只能是参加监督的多数人民监督员有异议才可提起,这一规定用民主机制保证决定最大限度的正确。二是人民监督员"可以"提起异议。赋予了人民监督员的选择权利。如果改为"应该",则成为一项义务,剥夺了其选择的权利。三是上一级检察院"应当"及时复核并反馈结果。[1] 参照《刑事诉讼法》(2018年修正)第92条关于公安机关对人民检察院不批准逮捕决定的复议和提请复核权的规定,[2]可认为《规定》第26条已完整赋予人民监督员监督结论对检察机关程序上的约束力。

需要完善的地方在于,明确限定其复核的期限和反馈结果的形式和程序。将人民监督员制度变为权力监督或者是赋予监督结果实体上的拘束力的观点则不具可行性。检察权运行的特点决定人民监督员只能是外在于检察机关对其权力的行使进行监督,通过程序设计使其成为一种检察机关必须加以慎重考虑的批评和建议,设置不接受和配合监督的制裁性措施即可。推进这一制度必须尊重宪法确立的检察权独立原则,避免强调把人民监督员制度改造为具有权力监督性质的刚性监督的种

[1] 《决定》第26条规定:"检察委员会的决定与人民监督员表决意见不一致时,应当由人民监督员办公室向人民监督员作出说明。参加监督的多数人民监督员对检察委员会的决定有异议的,可以要求提请上一级人民检察院复核。复核工作由人民监督员办公室转交案件承办部门办理。上一级人民检察院应当及时复核并反馈结果。上一级人民检察院的决定,下级人民检察院应当执行。"

[2] 《刑事诉讼法》(2018年修正)第92条条文中对公安机关提起复议、复核都采用"可以",对检察机关复核采用"应当"恰与《规定》第26条的表达方式一样。鉴于检察机关与公安机关作为国家权力行使机关,两者具有分工合作和相互制约的关系,所以认为《规定》第26条也具有赋予监督决定刚性约束力的意义。

种提法,将批评建议权异化为凌驾于检察权之上的决定性权力。[1]

需要考虑的问题是,参加监督的多数人民监督员对于上一级检察机关的复核结果依然不同意时如何处理。这一问题根本上是民主原则与法治原则之间张力的表现,具体在刑事诉讼法领域便表现为《刑事诉讼法》(2018 年修订)第 6 条群众路线与以法律为准绳及第 7 条准确有效执行法律义务之间的张力。民主与法治的各自优势与弊端已被深刻总结和反思,现代社会,民主参与和尊重少数人的意见已成为民主的应有之义。由于现代国家必须以代议制的方式践行人民主权原则,使主权的享有者与行使者之间出现了分离,法律所代表的民意可能会与现实生活中个别人的意见分歧,且法律的固有缺陷导致在某些情况之下,对法律的理解会产生分歧,对法律规定本身也会产生异议。人民监督员对检察机关有异议的监督意见可能是出于对法律的不同理解,也可能是合"情"而不合法律。对此需要有一个甄别机制,对法律的不同理解可以通过寻求权威的解释来解决;而对"情"与法之争,则不能为了所谓的社会效果牺牲宪法和法律的权威,应当严格依照法律办理,再寻求政治途径通过修改法律和宪法来吸纳民意,从而解决问题。

三、具体制度借鉴观点之评析

人民陪审员的选任机制、权利和义务、管理机制、参与审判机制和保

---

〔1〕 参见韩大元主编:《中国检察制度宪法基础研究》,中国检察出版社 2007 年版,第 424 页。

障机制都有了较明确的规范依据，并在实践中积累了丰富经验，为人民监督员制度的具体制度设计提供了颇有价值的参考。

（一）关于选任机制

人民监督员的选任机制是实践中争议较大的问题，现主要有两种代表性的模式：一是同级人大常委会任命模式，比较规范的如武汉市汉阳区人大常委会会议通过的《武汉市汉阳区人民监督员工作实施办法（试行）》《武汉市汉阳区人民监督员任免工作细则（试行）》，其中规定了公告、推荐、登记、审查、确定候选人、公示以及任命程序。其特色在于，成立人民监督员选任工作小组负责程序的展开，最终由区人大常委会召开会议，正式任命人民监督员，并颁发任命书。二是检察机关同意模式，比较典型的如《上海市检察机关人民监督员选任办法（试行）》，其中规定，由市人民检察院和分院确定拟选人民监督员名额，由机关、团体、企事业单位和基层组织推荐并经本人同意，产生建议人选，本院检察长同意后，确定正式人选，由市人民检察院颁发人民监督员证书和“人民监督员证”。

两种模式中人民监督员建议人选的产生都采用了推荐方式，但同级人大任命模式则能够更好地保障人民监督员独立于检察机关，其吸收了人民陪审员制度由人民法院与司法行政部门协商确定人选，由人大常委会决定的做法。同时，在协商过程中还加入了人大常委会的内部机构，强化了人大在人民监督员选任事项上的权力，并且明确了具可操作性的程序，较检察机关同意模式更具中立性和包容性。不过，这一选任方式也存在不同意见：其一，是否会超越人大常委会的权限？其二，是否会使人民监督员成为人大个案监督的工具？笔者认为，这两点质疑都不成立。依据我国《地方各级人民代表大会和地方各级人民政府组织法》第44条第1款规定，县级以上的地方各级人民代表大会常务委员会有在本行政区域内，保证宪法、法律、行政法规和上级人民代表大会及其常务委员会决议的遵守和执行的职权。人民监督员制度是宪法中批评建议权的具体实现方式，人大常委会选任人民监督员则是履行保证宪法和法律遵守和执行的职权。人民监督员虽然由同级人大常委会任命，但其产生之后便独立于人大常委会，依据其自身的独立判断行使监督权，同人大常委会之间并没有领导和附属的关系。

笔者认为，可借鉴人民陪审员制度，由基层检察院选举人民监督员，并形成省级区域内的统一的人民监督员名单，基层检察院以外的人民检察院不再另行选任人民监督员。如需要人民监督员监督可以依据保障独立监督原则、异地监督原则以及实际需要原则[1]，从适合的人民监督员名单中随机抽取人民监督员。

（二）关于管理机制

人民陪审员由基层人民法院和同级司法行政部门共同集中统一管理。一些地方借鉴人民法院管理人民陪审员的做法，采取人民监督员由检察机关集中统一管理方式，这一借鉴有待商榷。一方面，两者工作机理不同。人民陪审员通过分享审判权来制约法官的权力滥用，不能脱离

[1] 参见周永年主编：《人民监督员制度概论》，中国检察出版社2008年版，第193～195页。

审判权单独存在。人民监督员则外在于检察机关,通过对检察机关办案情况的了解,依据自己的判断提出监督意见。另一方面,人民监督员与人民陪审员行使权利的身份不同。人民陪审员成为合议庭的成员时即为实质意义上的法官;人民监督员行使监督权利时是社会普通公民的身份。因此,人民陪审员应遵循法官职业道德,并承担法官应承担的责任。人民法院必须实行集中统一管理,建立培训、考核、奖惩、错案追究等配套制度来减少或避免其履职风险的发生。而人民监督员则须保持其民众本色,独立于检察机关,由检察机关管理人民监督员只能是人民监督员制度试行过程中的权宜之计,最终需要取消检察机关能够影响人民监督员权利行使的实质性管理职权,如任免、奖惩以及考核等。

与之相应的问题是人民监督员办公室设立问题,有研究者提出将人民监督员办公室设在各地人大常委会,成为人大常委会的一个工作部门,人民监督员的推荐、选任都由人大常委会来完成。[1] 将原设于人民检察院的人民监督员办公室更名为"人民监督员联络办公室"。实践中也有地方试行由人大常委会相关工作委员会来进行管理,这一做法有待商榷,一方面,实践中很多检察院都设立了人民监督员办公室,作为人民监督员行使权利的协调、服务机构,其具有专业知识,熟悉办案流程;且由于其内在于检察机关,更能掌握检察机关办案的信息,对于人民监督员监督权利的行使具有重要作用,具有不可比拟的优势。此外,其在实

〔1〕 刘杰:《我国警察权的宪法控制》,载《北京人民警察学院学报》2005 年第 4 期。

际操作中形成了一整套相对成熟的操作规程,[1]极大地提高了监督效率。如果贸然将其撤销,重新设立或者另行组建一套机构,必然形成制度资源的浪费,影响人民监督员制度的运行。另一方面,将人民监督员办公室设在各地人大常委会,成为人大常委会的一个工作部门,在人民监督员由人大常委会任命的情形下,极易模糊人民监督员权利监督和社会监督的定位,成为人大权力监督的一部分,从而使人民监督员制度失去了作为一项新制度存在的必要性。

在现有制度资源基础上,应当进一步强化内设于检察机关的人民监督员办公室的沟通、服务职能和形式"管理"的职能,即保存人民监督员名单以及对监督案件案卷存档、人民监督员参与监督等活动加以记录、统计等不影响人民监督员行使权利的服务性管理职能;强化人民监督员个体的独立性,采用"松散式"的管理方式,即制定有关人民监督员履职办法,以人民监督员会议方式,进行自我管理。人民监督员培训则可以借鉴人民陪审员制度的做法,由检察机关或与司法行政机关单独或共同培训为宜。[2]

(三)关于调查取证权利

人民监督员获取信息的渠道来自检察机关办案人员的介绍和其对人民监督员提问的回答、群众的反应、旁听机制以及听取相关人员的陈

---

〔1〕 比如,湖北省人民检察院制定了《湖北省检察机关人民监督员办公室工作规范(试行)》对人民监督员办公室工作质量标准、工作规程等都作出了具有可操作性的详细规定。

〔2〕 参见钟黎明:《人民监督员制度和人民陪审员制度的比较与思考》,载法律图书馆网2006年11月13日,http://www.law-lib.com/lw/lw_view.asp? no=7781。

述,这些途径获取的信息与检察机关在自侦案件中通过侦查权行使获取的信息具有不对称性,且由于侦查期限的限制、需要检察长批准、相关制度如监所纪律的限制等方面的原因,人民监督员旁听讯问,听取有关人员的陈述以及本案律师的意见,在实际操作中存在诸多困难,从而导致其难以作出正确且有价值的监督意见。为此,各地检察机关在分析现有制度不足之处的同时,也在努力探索如何进一步保障人民监督员的知情权。[1] 实践中除了构建定期通报机制、监督权利告知机制、人民监督员与检察官联系机制、强化和规范监督过程中案件承办人介绍和回答问题的程序和扩宽信息渠道等方面的努力外,可否借鉴人民陪审员制度中人民陪审员享有调查权也成为实践和理论中争议较多的问题。

笔者认为,人民监督员不应享有调查权。人民监督员享有调查权,事实上分享了实质意义上的检察权,不仅会突破刑事诉讼法及其规则关于立案、侦查、逮捕、起诉环节的检察权与诉讼参与人权利的规定,在现行的法律框架下,其合法性、正当性、证据效力必然受到质疑。而且,人民监督员享有调查权的效果自然无法与专业的检察机关行使检察权的效果相比拟,无法保证其能够得出更正确的结论,反而还会增添新的问题,即其对实质检察权的分享可能使其丧失原本超脱的地位,从而产生谁来监督“人民监督员”的监督循环困境。

---

〔1〕 参见何启明等:《畅通信息渠道确保监督实效——南通市检察机关从四个环节保障人民监督员的知情权》,载《方圆法治·人民监督员专刊》2006年第3期;申占群:《人民监督员知情权保障机制构想》;陈文华:《以信息互动为着力点确保人民监督员知情权》;张林标:《“五种情形”知情权保障中存在的若干问题》,载《方圆法治·人民监督员专刊》2006年第8期。

对此,可以从人民陪审员制度设计中所面临的问题得到启示。人民陪审员制度也一度被赋予过多价值期待,把司法领域存在的、导致司法不公及司法腐败的一些主要问题的解决,都寄希望于人民陪审制度的完善,[1]反而消解了它应有的价值。人民监督员制度本身是通过民众参与,对检察权加以监督,以普通民众的生活常识、情感认知和专业知识来帮助检察机关发现错误、纠正错误和更好地行使检察权,如果将本应由检察机关承担的追究犯罪、保障人权的职责也加诸人民监督员身上,要求其作出专业、正确、公正的法律判断,作为对价必然要赋予其检察机关享有的各项权力,从而变相地塑造不穿制服的"检察官"。事实上,我们可以通过其他制度如律师制度对检察机关加以制约,不必对人民监督员制度过分苛求和赋予过多的价值期待。相比赋予其新的权力,将现有制度加以完善并规定检察机关不履行接受和配合监督义务或不履行介绍义务等方面的相应制裁性机制才更重要。

四、借鉴人民陪审员制度法制化路径的观点之评析

虽然权利的享有并不以法律甚至是宪法的规定为要件,但权利本身具有被宪法和法律加以保障的天然渴求。即便将人民监督员制度定位为权利监督,也需要正式的法律制度将其固定。人民监督员制度的法制化已成为实践部门和理论研究者们的共识和迫切需要解决的问题,但对于采用何种路径还存在争议。有研究者提出,人民陪审员制度法制化的

---

[1] 参见刘治斌:《人民陪审员制度不能承受之重》,载《中国社会导刊》2005 年第 14 期。

过程具有立法路径示范作用，可参照人民陪审员制度，采用中央层级的法律修改和立法，再制定具体的司法解释或实施细则的法制化路径。[1]

笔者认为，这一方案是目前最合适的途径。全国人大常委会对需要法律加以规范，同时却不成熟或者不具有单独制定法律或法律解释条件的事项采用决定的方式作出，且已形成制度法制化的路径依赖。这种方式较正式的法律颁布而言具有灵活性，且由于其不需要严格依照法律规范的形式要件，较正式法律文本的制定而言阻力更小、成本较低。人民监督员制度较人民陪审员制度而言，其合法性还存在颇多争议，且成熟性不够，采用决定的形式是较可行的，待制度成熟完善之后再制定单行法律。

实践中，地方各级人大关于人民监督员制度已有的规范性文件的效力问题还须慎重对待。人民监督员享有的是监督权利，同时又是一种社会权力，其会对国家权力产生一定程度内的分享效果，从而涉及国家的诉讼制度，依据《立法法》的规定，诉讼制度实行法律保留，只能由法律加以规定。然而在实践中，基本上各个层级的地方人大都有出台关于人民监督员制度规范性文件的情形，其中也不乏享有地方法性法规制定权层级的人大。这些规范性文件对于人民监督员制度的推行和规范化具有十分积极的作用，但同时也存在各地规范性文件不统一，甚至有较大差异的情形，以致刑事诉讼过程中不同地域的犯罪嫌疑人可能被不同对

---

〔1〕 参见周永年主编：《人民监督员制度概论》，中国检察出版社2008年版，第354～367页。

待,受到不同程度的保障。

立法法中关于诉讼制度法律保留的规定也有待商榷。一方面,其与我国宪法体制存在一定程度上的张力,我国人民法院、人民检察院由同级人大产生对同级人大负责,受同级人大监督。人大对同级法院和人民检察院的重要事项应当享有决定权,也应当相应享有规范性文件的制定权。另一方面,应考虑我国司法体制改革的实践需要。地方各级人大在司法体制改革的过程中扮演了较积极的角色,在制度尚未成熟但又必须加以规范的阶段,全国人大及其常委会不可能制定全国范围内统一的法律规范,地方各级人大的实验性立法或者制定规范性文件的探索活动不仅能够使各项改革措施有规则可依,且能够为中央立法积累宝贵经验。因此,不宜一概否定其在诉讼制度方面制定不违反宪法和法律精神的规范性文件的权力。同时,地方各级人大也应当提高规范制定技术。但在《立法法》尚未修改的情形下,地方各级人大制定的规范性文件只能作为中央立法的经验积累而不宜提倡,应尽快出台中央层面的统一规定,地方各级人大再依据中央层面的法律规范对原有规范性文件加以修改或重新制定。

第七章　人大司法监督与检察院法律监督衔接机制

人大司法监督与检察院法律监督之衔接乃是人大制度实践创新以及我国司法体制改革实践中需要关注的课题。湖北省人大常委会于2014年9月，就加强司法监督与法律监督衔接出台《湖北省人大常委会加强人大司法监督工作与省检察院法律监督工作衔接的办法》（以下简称《湖北省衔接办法》），这在全国属首次。[1] 但是，类似实践尚未在全国范围内推广，同时，以此为主题的理论研究还不够深入。与此对应的是，司法监督与法律监督之衔接有着充分的理论基础，实现二者之衔接亦颇具现实意义。有鉴于此，理论界与实务界皆有必要对司法监督与法律监督之衔接机制予以相当的关注。

---

〔1〕 参见胡新桥、刘志月、刘玉坤：《湖北出台全国首个衔接办法——加强人大司法监督与检察法律监督衔接》，载《法制日报》2014年12月6日，第3版。

一、司法监督与法律监督衔接的制度含义

在中文语境中，所谓衔接指的乃是实现事物之间的相互连接，或者是事物之间相互连接的状态。于此意义而言，司法监督与法律监督之衔接，便是实现司法监督和法律监督的相互连接，以及此两种相异的监督形式间相互连接的状态。在探究司法监督与法律监督衔接的法理基础和构建路径之前，有必要先厘清司法监督与法律监督衔接的制度含义。在此部分，笔者欲通过阐释司法监督与法律监督衔接的内在构成，以及其既有实践，来阐明其具体的制度含义。但是，笔者并不会在此部分对衔接机制的概念作出界定，因为其具体含义将在探讨其构建路径的过程中得以释明。

（一）司法监督与法律监督衔接的内在构成

诚如上述，衔接是指事物（要素）之间的连接，或者事物（要素）间互相连接的状态。因此，为了认识这个诸事物（要素）的连接状态，有必要对其进行分解，从而得到形成该连接状态的诸事物（要素）。借助对此类事物（要素）的分别阐释并加以整合，便可形成对该连接状态的整体“观念”和“图景”。司法监督与法律监督之衔接机制，同样是诸多事物（要素）之间的连接状态。其内在构成要素主要有人大及其常委会与检察机关，人大司法监督与检察院法律监督。因此，笔者将在此部分，对司法监督与法律监督衔接的内在构成要素展开论述。

1. 人大司法监督与检察院法律监督

司法监督与法律监督之衔接，便是实现人大司法监督与检察院法律

监督的相互连接。同时,人大司法监督与检察院法律监督,既可表示两种不同的权力监督形式,亦可理解为两种具有差异的监督权。其中,人大司法监督是人大监督权的具体类型之一,而监督权是人大的一项重要权力,它同立法权、决定权及任免权等共同构成了我国人大完整的权力结构体系。但是,对于何谓人大司法监督尚存在不同的认识。笔者认为,人大司法监督指的是人大及其常委会对司法机关和司法行为所进行的监督活动。其主体是人大及其常委会,人大各专门委员会和常委会工作机构可以作为司法监督工作的具体执行者和实施者;[1]其对象为司法机关和司法行为,其中,司法机关如法院、检察院等,司法行为则如公安机关所为之刑事侦查行为等;至于监督方式,我国《各级人民代表大会常务委员会监督法》(以下简称《监督法》)等法律有较具体的规定,同时亦不乏实践中探索而得的新方式。

检察院的法律监督权则是源于我国《宪法》的规定。《宪法》(2018年修正)第134条明确规定"中华人民共和国人民检察院是国家的法律监督机关",这是《宪法》对我国检察机关所作的性质定位。据此规定,检察机关的监督应当是法律监督。但是,有人认为,检察机关的监督是司法监督,而不是法律监督。也有人认为,检察机关的监督应当定位为诉讼监督。还有人认为,检察机关的监督就是检察监督。这些不同的称谓,反映了人们对检察机关监督的不同认识。[2] 此外,还有将检察权与

---

〔1〕 参见蔡定剑:《中国人民代表大会制度》(第4版),法律出版社2003年版,第369页。

〔2〕 参见张智辉:《法律监督三辨析》,载《中国法学》2003年第5期。

法律监督权、公诉权与法律监督权混淆与等同的观点。[1] 笔者认为，我国检察机关主要有以下几项职权：一是法纪监督权，如对职务犯罪的侦查；二是侦查监督权；三是审判监督权，如对生效判决裁定进行抗诉，故又称诉讼监督权；四是执行监督权，如对监狱、看守所的执行活动是否合法进行监督；五是公诉权。[2] 其中，将侦查监督权、审判监督权和执行监督权纳入检察机关法律监督权之范畴大多无异议，但对于法纪监督权尤其是公诉权可否视为法律监督权则存在较大争议。

人大司法监督与检察院法律监督同属于权力监督，但是其在监督主体、监督对象、监督方式及监督效果等方面皆存在较多差异。这些差异性因素则成为实现二者衔接的前提条件之一，因为假若二者并无二致，实为同一事物（要素），便无所谓实现二者间的连接了。司法监督与法律监督除存在上述差异之外，尚充满着各种联系。例如，监督目的上存在统一性，即都是为了维护法制的统一和保障法律的实施；再如，检察院法律监督是实现人大监督的方式之一，因为人大虽然有权对其产生的行政机关和审判机关实施监督，但这种监督只能是宏观的监督，而非经常且具体的。为弥补此不足，可在人大之下设立专司监督的法律监督权能，并将该权能赋予某一机关使其成为专门的法律监督机关。[3]

---

〔1〕 参见龙双喜、冯仁强：《宪政视野下的中国检察权——兼议法律监督权与公诉权的关系》，载《法学》2004 年第 11 期；缪树权：《检察机关法律监督权的论争》，载《国家检察官学院学报》2006 年第 3 期。

〔2〕 参见周叶中主编：《宪法》（第 3 版），高等教育出版社 2011 年版，第 320 ~ 321 页。

〔3〕 朱孝清：《中国检察制度的几个问题》，载《中国法学》2007 年第 2 期。

2. 人大及其常委会与检察机关

关于人大及其常委会与检察机关的关系,可以概括表述为:检察机关由人大产生,对人大负责,受人大监督。这一关系既体现在我国《宪法》和法律的规定当中,同样亦是我国现有体制运行的常态。当然,根据《宪法》和《人民检察院组织法》等的规定,检察机关实现双重从属制,既要对同级人大负责,又要对上级检察机关负责。至于检察机关如何由人大产生,如何对人大负责,以及如何受人大监督,我国《宪法》《监督法》《人民检察院组织法》等有着详细的规定,在此不再赘述。

谈及人大及其常委会与检察机关的关系时,除宪法和法律所规定的监督与被监督之外,尚须坚持监督与支持相统一,[1]实现"寓支持于监督之中"。但是在实践中,人大如何对检察机关既监督又支持,则存在相当的讨论空间。对此,有论者指出,在行使立法权过程中既监督又支持,在行使监督权过程中给予有力支持,在行使任免权既监督又支持,在行使重大事项决定权过程中既监督又支持。[2] 此种观点乃是根据人大所享有的不同职权所进行的分类表述。此外,还有论者认为,落实好监督与支持相统一原则,关键在于准确把握监督与支持的尺度。[3] 与此同

---

[1] 参见张德江:《全国人民代表大会常务委员会工作报告——二〇一六年三月九日在第十二届全国人民代表大会第四次会议上》,载《人民日报》2016年3月20日,第1版;吴邦国:《在第十一届全国人民代表大会常务委员会第三十一次会议上的讲话》,载《中华人民共和国全国人民代表大会常务委员会公报》2013年第2期。

[2] 参见戚建庄、王松钊、许展华:《正确处理人大对"一府两院"监督与支持的关系》,载《人大建设》2016年第3期。

[3] 佟克克:《坚持监督与支持相统一　使人大监督工作更具实效》,载《中国人大》2015年第12期。

时，在实践中亦有各类相关的做法。[1] 但是，把监督与支持结合起来虽是由我国人民代表大会制度的性质决定的，但不可过于偏重“支持”而漠视“监督”。

以上观之，人大及其常委会与检察机关的关系，既有监督与被监督的关系，亦须将监督与支持结合起来。这一关系体现在二者职权行使的整个过程和所有环节，其中便有人大开展司法监督工作和检察院开展法律监督工作。具体来说，检察院所开展的法律监督工作需要接受人大及其常委会的监督，这种监督便属于上述的司法监督。同时，人大及其常委会还需要通过立法、决议及任免等形式，支持检察院开展法律监督工作。

（二）司法监督与法律监督衔接的实践

诚如上述，司法监督与法律监督衔接之制度化实践在全国范围内鲜有，最初尝试实现司法监督与法律监督衔接的当为湖北省人大常委会。当然，制度化实践的阙如并不意味着实践中未曾有零碎的、非体系化的实践。因为所谓制度化实践通常指的是借由规范性文件等形式，系统地对某一制度进行体系化的规定和安排。

1. 司法监督与法律监督衔接的制度化实践

湖北省人大常委会主任会议于2014年9月15日审议通过《湖北省人大常委会加强人大司法监督工作与省检察院法律监督工作衔接的办

---

〔1〕 参见陈冬琪：《从未获通过的“红脸”到高票通过的“笑脸”》，载《汕头日报》2015年12月31日，第9版；王绍兵、王振华：《坚持寓支持于监督之中——市十四届人大常委会监督工作综述》，载《海口日报》2012年2月13日，A01版。

法》(以下简称《湖北省衔接办法》),并印发给全省实施。[1] 这是全国范围内首次以规范性文件的形式,系统地对衔接机制进行体系化的规定。在湖北省人大常委会制定此类衔接办法之后,湖北省部分地区亦制定了类似的衔接办法。例如,在 2015 年 3 月 27 日,湖北省恩施州人大常委会也审议通过了《恩施自治州人大常委会加强人大司法监督工作与州人民检察院法律监督工作衔接的办法(试行)》。从具体内容上来看,湖北省范围内的这些衔接办法并无太大差异。具体来说,主要有如下几个方面的内容:

其一,对属于检察机关职权范围的涉法涉诉事项,由人大工作机构转送检察机关办理。例如《湖北省衔接办法》第 4 条便规定,省人大工作机构对收到的涉法涉诉事项依法依规转送有关机关处理,属于检察机关职权范围的材料依法转送省人民检察院工作机构办理。这些材料包括反映国家工作人员职务犯罪以及侦查活动存在违法行为的材料等。

其二,对属于检察机关法律监督职权范围的问题,由人大内务司法委员会转送检察院工作机构办理。例如,《恩施自治州人大常委会加强人大司法监督工作与州人民检察院法律监督工作衔接的办法(试行)》第 5 条规定,对属于检察机关法律监督职能范围的问题,州人大内务司法委员会依照交办程序转送州人民检察院工作机构办理。这些问题主要有州人大常委会组成人员听取和审议专项工作报告时提出的比较集

---

[1] 参见翟兴波、陈宓夷:《省人大常委会召开主任会议》,载《湖北日报》2014 年 9 月 16 日,第 1 版。

中的问题，州人大常委会在执法检查中发现的突出问题，州人民代表大会专门委员会、常务委员会工作机构在调查研究中发现的突出问题，等等。

其三，对人大代表关于检查工作的建议、批评和意见，由人大常委会代表工作机构交由检察院工作机构办理。例如，《湖北省衔接办法》第6条第1款便规定："省人大代表关于检察工作的建议、批评和意见，由省人大代表工作委员会按交办程序转送省人民检察院工作机构办理。"

其四，检察机关的审查与处理。在检察院收到人大工作机构转送的事项之后，须在规定的期限内进行审查，提出处理意见，根据该事项是否属于其职权范围作出不同处理。对于其中属于其职权范围内的事项，则应在规定的期限内办理完毕。在办理完毕之后，应将办理结果向人大及其常委会做汇报，人大及其常委会可以对此进行监督。

其五，人大及其常委会对检察院法律监督工作的监督和支持。既有宽泛意义上的监督和支持，例如，《湖北省衔接办法》第15条第1款规定："省人大常委会在对省人民检察院转、交办案件及其他衔接工作中，监督和支持省人民检察院依法开展法律监督工作。"同时，还有表明具体形式的监督和支持，例如，《湖北省衔接办法》第16条便规定由人大常委会通过作出决议的形式对检察院法律监督工作予以支持。该条规定："省人大常委会对省人民检察院法律监督工作中的重大事项可以作出相应的决议、决定，依法监督和支持省人民检察院开展法律监督工作。"

2. 司法监督与法律监督衔接非体系化实践

除上述湖北省范围内的制度化实践之外，体现司法监督与法律监督衔接理念的零碎的、非体系化的实践则较普遍。较为常见的主要有:检察机关办理人大转交案件制度、检察院与人大代表联络工作制度、信访案件交办督办制度,等等。此种非体系化实践在某种意义上而言便是基于司法监督与法律监督的差异性因素,将监督事项在人大与检察院之间实现合理的配置。简单来说,就是人大与检察院在日常工作过程中,若遇及属于其他主体职权范围内的事务,则应当依法转交该其他主体处理。试举一例,在上述案件转交交办制度当中,人大及其常委会将属于检察机关职权范围内的案件交由检察机关来处理。

毫无疑问,此类非体系化的实践在很大程度上能够促使司法监督与法律监督衔接之实现,但难以避免地存在以下问题:其一,这种衔接在某种意义上来说是单向的衔接,其更多的是监督事项(如待办案件、信访件等)由人大向检察院流动,而衔接的含义乃是事务之间的相互连接。当然,这种单向衔接的原因还在于人民代表大会制度之下人大与检察院的关系。其二,这种衔接主要是基于两种监督形式的差异,将监督事项在两主体之间进行配置,但却忽视了衔接过程中人大对检察院法律监督工作的监督与支持,以及检察院对人大司法监督工作的接受与配合。

二、司法监督与法律监督衔接的法理基础

制度与理论不可分割,制度指导实践,理论则是制度的基础和依据。易言之,制度的建立需要依照一定的理论,而制度的运行同样需要以一定的理论为参照,并与之相符。故在此部分,笔者欲通过对正当性和必要性的探究,来分析司法监督与法律监督衔接的法理基础。

（一）司法监督与法律监督衔接的正当性

根据我国《宪法》的规定，人大是我国的国家权力机关，其享有相当广泛的职权，其中之一便是监督权，而司法监督权更是人大所享有的监督权的重要组成部分。与此同时，我国《宪法》和法律皆将检察院定位为法律监督机关。在探究人大司法监督与检察院法律监督衔接的正当性时，同样需要基于二者的性质和职权进行谈论。具体而言：

首先，司法监督与法律监督的衔接是人大作为权力机关的应有之义。根据我国《宪法》的规定，人大及其常委会有权对司法活动进行监督。我国《监督法》也对各级人大及其常委会对司法活动的监督作了较详细具体的规定，如该法第5条便规定："各级人民代表大会常务委员会对本级人民政府、人民法院和人民检察院的工作实施监督，促进依法行政、公正司法。"与此同时，人大对检察院法律监督工作的监督与支持，以及检察院对人大司法监督工作的接受与配合，乃是司法监督与法律监督衔接的意涵之一。于此层面而言，实现司法监督与法律监督的衔接，可促使人大及其常委会作为权力机关所享有的监督权有效和积极地行使。此外，司法监督与法律监督衔接的初衷之一便是改善人大及其常委会监督权，尤其是司法监督权的行使现状。

其次，司法监督与法律监督的衔接是检察院作为法律监督机关的内在要求。检察院作为我国的法律监督机关，其行使的监督权及进行的法律监督行为，在某种程度上受制于作为国家权力机关的人大及其常设机构的常委会，同时，亦是在人大及其常委会的支持和保障下履行职责和工作，而这一内容所反映的正是司法监督与法律监督衔接的意涵。与此同时,设立包括法律监督机关在内的专门的监督机关,是我国对权力进行制约监督的必然选择,[1]因为人大作为权力机关的监督限于宏观领域,而检察院作为法律监督机关的监督则恰与之对应,且能弥补人大监督的不足。这也体现了此两种监督形式的差异性,而存在差别的监督权和监督形式有赖于保持相当程度的融洽性与互通性。这同样是司法监督与法律监督衔接的意涵。

最后,司法监督与法律监督的衔接是推进人大制度理论和实践创新的需要。作为我国的根本政治制度,人大制度建立60余年来,在我国国家建设中发挥着举足轻重的作用,其中,按照民主集中制的理论,各级人大产生并监督其他国家机关,保证国家机关协调高效运转即为其关键作用之一。但是,随着时代的变化和现实情况的变迁,人大制度在实践中也遭遇诸多挑战,因此,有必要对人大制度进行理论和实践的创新。例如,如何加强和改进人大的监督工作,增强监督实效。在人大的监督工作当中,司法监督无疑是其重要内容之一。在这个意义上来说,探究司法监督与法律监督的衔接机制,无疑可以丰富人大(监督)权力行使的实践,进而有助于丰富和完善人大制度的理论和实践。

(二)司法监督与法律监督衔接的必要性

以上所讨论的是司法监督与法律监督衔接的正当性问题,所回应的是此项制度设计在法律规则和法学理论层面是否可以证成。但可以证成的制度设计并非必然意味着其可以付诸实施,因为假若某项制度设计

---

[1] 参见朱孝清:《中国检察制度的几个问题》,载《中国法学》2007年第2期。

缺乏相当的必要性，那么将此制度安排付诸实践，所导致的结果只会是社会成本的浪费，在法律实施层面则体现为立法成本和法律实施成本的浪费。因此，在为司法监督与法律监衔接的正当性进行辩护之后，我们需要回答的问题便是司法监督与法律监督的衔接是否有必要，以及其必要性如何？笔者以为，司法监督与法律监督衔接的必要性至少有如下几方面的体现：

其一，有利于加强人大监督的力度，形塑人大作为国家权力机关的权威。原因在于：实现二者的衔接可较为充分地促成两种监督方式的融会与贯通，这在另一层意义上乃是拓宽了人大司法监督的渠道和途径。此外，通过建立二者衔接的制度，可使人大司法监督权的行使更加制度化和规范化。

其二，有利于改善当前监督交叉的现状，实现两种监督方式的贯通。于理论层面而言，人大司法监督与检察院法律监督在监督层级、监督方式及监督效果等方面存在相当大的差异。但在实践中，此两种迥异的监督形式却存在一定的交叉和重叠。[1] 同时，人大的宏观监督与检察院的监督范围不够明确。人大作为国家权力机关，其享有和行使的乃是“广泛的职权”，但此类职权并非由人大及其常委会自身直接行使，具体事务仍须交由其产生的“一府一委两院”来处理。但在实践中，人大常委会的信访工作部门受理的监督请求，有一些并非属于人大及其常委会

---

〔1〕 参见韩大元主编：《中国检察制度宪法基础研究》，中国检察出版社 2007 年版，第 68 ~ 70 页。

(司法)的监督工作,而属于检察院法律监督的范畴。于此层面而言,有必要建立人大司法监督与检察院法律监督相互衔接的机制。在分工明确的前提下,可以改善当前监督交叉的现状,实现两种监督方式的贯通。

其三,有利于改善人大对检察机关的监督方式,理顺人大与检察机关之间的关系。在我国,检察院受人大监督毋庸置疑,但检察院行使检察权的独立性亦不可否认。同时,此独立性亦不容在实践中受到不合法、不合理的侵蚀。鉴于宪法和法律已经设计出一套制约检察权行使的机制,人大应尊重宪法规定的权限分工,保障既有机制功能的有效发挥,避免不同机关权限分工界限的混乱。[1] 而司法监督与法律监督的衔接,一方面是实现两种监督方式的融会与贯通,另一方面则是在制度层面为两种监督方式划定各自的界限。例如,人大常委会信访机构或人大法制机构若收到有关诉讼监督的群众来访来信,不得自行办理,而应当依法将此类信息移交检察院或是法院,要求其依法处理。当然,人大及其常委会作为国家权力机关,其对检察院合理、合法的监督是正当无疑的,因此,我们在理顺人大与检察机关之间关系的同时,也不得漠视人大及其常委会对检察院的监督。

三、司法监督与法律监督衔接的构建路径

经由以上对司法监督与法律监督衔接制度含义的阐释,我们大致可

---

〔1〕 参见韩大元:《地方人大监督检察机关的合理界限》,载《国家检察官学院学报》2011年第1期。

了解衔接机制的内涵：一是以两种监督形式的差异性因素为依据，实现两种监督形式的融会与贯通；二是以人大与检察院的关系为依据，实现人大对检察院法律监督工作的监督与支持，以及检察院对人大司法监督工作的接受与配合。在此部分，笔者将具体探讨如何在理论层面建构出司法监督与法律监督的衔接机制，以及如何设计衔接机制的具体制度方案。

（一）司法监督与法律监督衔接机制的理论建构

前文对司法监督与法律监督衔接机制中的构成要素作了论述，具体而言，可归纳为以下两点：一是人大司法监督与检察院法律监督存在诸多差异性因素；二是人大及其常委会与检察机关是监督与被监督的关系，并须坚持监督与支持的统一。故，从理论层面建构司法监督与法律监督的衔接机制，亦须从此两点出发：两种监督形式的差异性因素决定需要实现其融会与贯通；而人大与检察院的关系则体现为人大对检察院法律监督工作监督，以及两种监督形式的支持与配合。具体来说：

第一，以两种监督形式的差异性因素为依据，实现两种监督形式的融会与贯通。人大司法监督与检察院法律监督作为两种不同的监督形式，其在监督主体、监督对象、监督方式、监督效果等方面存在较大差异。因此，在实现这两种监督形式衔接时，则须根据二者存在的这些不同，将监督事项在人大与检察院之间实现合理的配置，进而实现其融会与贯通。通俗来讲，便是人大及其常委会与检察院在各自的日常工作过程中，若遇及属于其他主体职权范围内的事项，则应当依法交由该其他主体处理。试举一例，人大信访工作是人大及其常委会机关的一项日常性工作,是依法监督的重要信息来源渠道。但人大常委会信访工作机构收到的信访件并非皆属于人大及其常委会的工作权限范围或者不宜由其来处理,于此情形,人大常委会信访工作机构便可将属于检察机关职权范围的信访件交由检察机关研究处理。当然,此般做法在此前提及的诸多非系统化衔接实践中也较普遍。但诚如上述,这种衔接在某种意义上来说是单向衔接。与此同时,相较于衔接机制的制度化安排而言,非体系化、非制度化的实践难免存在诸多弊病。

第二,以人大与检察院的关系为依据,实现人大对检察院法律监督工作的监督与支持,以及检察院对人大司法监督工作的接受与配合。根据我国《宪法》和法律的规定,检察机关由人大产生,对它负责,受它监督。因此,在建构衔接机制时也应当遵循这一原则。具体而言,这主要体现为人大及其常委会监督检察院开展的法律监督工作,以及检察院对人大开展的司法监督工作的接受。至于人大对检察院的此种监督如何实现,我国《监督法》等法律当中已有规定,但其中不少监督措施在实践中仍须改进。与此同时,人大在对"一府一委两院"开展监督时,还须"寓支持于监督之中",故而人大对于检察院开展的法律监督工作也须予以支持。这种支持在实践中可表现为法律的制定、决议的作出以及人事的任免等。此外,尚需说明的是,人大及其常委会对检察机关法律监督工作的监督,不可干涉检察机关依法独立行使检察权的合理空间。同时,人大及其常委会对检察机关法律监督工作的支持,亦不可置监督于不顾。

(二)司法监督与法律监督衔接机制的制度设计

在经过理论层面的探讨之后,笔者欲从制度设计层面具体谈论司法监督与法律监督衔接的构建路径。笔者认为,司法监督与法律监督的衔接,既包含实体层面的内容,即哪些内容需要衔接;亦包含程序层面的内容,即这些内容如何衔接。因此,此部分将从衔接机制的实体事项和衔接机制的程序实现两个维度来进行探究。

1. 衔接机制的实体事项

衔接机制的实体事项,亦可称为实体层面的衔接事项。结合以上关于衔接机制含义的探讨,笔者认为,衔接机制的实体事项可概括为二:一是人大及其常委会与检察院之间,根据各自职权范围不同而需要实现贯通的监督事项;二是人大及其常委会对检察院法律监督工作的支持和监督形式。此二者在国家和地方的法律和规范性文件当中皆有所规定,例如,我国《监督法》当中便有审议专项工作报告中的衔接事项,即人大常委会听取和审议检察院的专项工作报告,对专项工作报告中有关检察院法律监督工作的审议意见交由检察院研究处理。再如,我国《全国人民代表大会和地方各级人民代表大会代表法》中所规定的代表建议中的衔接事项,即人大代表提出的有关检察院法律监督工作的建议、批评和意见,由代表工作委员会转交检察院研究处理。这些内容分散于各类法律法规当中,衔接机制在此要做的便是将其系统化和体系化。

2. 衔接机制的程序实现

在谈论哪些内容需要衔接之后,须再作探讨的便是这些内容如何衔接。笔者认为,可以根据衔接机制当中的两类实体事项(衔接事项)分别确定其衔接程序。首先,对于需要实现贯通的监督事项,其衔接程序大致为:衔接事项在人大及其常委会与检察机关之间的转交程序、审查程序、处理程序和处理结果的反馈程序。试举一例,检察院在收到人大及其常委会交由处理的事项之后,应当在规定的期限内进行处理,并就处理结果向人大及其常委会作汇报。同时,在检察院处理过程中或者处理完毕之后,人大及其常委会还可以提出新意见和建议,要求检察院据此继续或重新处理。其次,对于支持和监督形式的衔接事项,则体现为人大及其常委会如何监督和支持检察机关开展法律监督工作。但因为支持和监督的方式较多,故而衔接程序亦因此有所不同。

后　记

在我20多年的宪法学学术生涯中，有关检察制度的研究一直是我的学术旨趣之一。

自2014年以来，我多次参加中央政法委、全国人大法工委、最高人民检察院、中国法学会等组织的有关宪法修改、司法体制改革、监察体制改革制度设计的专家论证工作，具体包括宪法修改、公益诉讼制度安排、《检察官法》和《检察院组织法》的修改、《监察法》的制定等诸多重大法治实践活动，使我获得了对中国法治更深刻的认知和理解。

检察制度是中国宪治的重要组成部分，它既承继了中国传统，又吸收借鉴了世界其他国家检察制度的有益养分；它立足中国大地，同时也因应现实情况的变化而持续成长。自新一轮司法体制改革尤其是监察体制改革以来，它面临重新定型和进一步成熟化的挑战，这是研究检察制度的理论工作者必须直面的重大研究课题。

本书是最高人民检察院检察理论研究所的重大课题《新时代法律监

督理念创新研究》的结项成果,是我和几个博士生的合作作品。它选取了若干重要检察制度问题,进行断面式的探讨,以期重点参悟、由点及面,最终获致对检察制度的整体式思考。但由于我们的能力和水平有限,上述尝试的成效如何,希望得到同行同仁们的批评指正!

秦前红

2021 年 12 月 8 日